尺素天涯

白求恩最后的情书及其他

［加拿大］李　彦　著

商务印书馆国际有限公司

“纪念白求恩”系列图书编委会

张友元	“白求恩在中国”项目委员会办公室主任
管士光	人民文学出版社有限公司社长
于殿利	商务印书馆有限公司总经理
汪家明	中国美术出版总社有限公司社长
路英勇	生活·读书·新知三联书店有限公司总经理
刘祚臣	中国出版传媒股份有限公司出版业务部主任
刘　忠	中国出版传媒股份有限公司国际合作部主任

自序

灯火阑珊处

去国经年,数十载春秋稍纵即逝。今天的祖国,已渐趋生疏、隔膜。离开了那片土地，视野可能开阔了些，但也缺少了扎根那块土壤才能产生的深度与厚重。

近年来读到国内一些作家的作品，极受震撼。它们深刻地反映了现实社会中亟待解决的问题、芸芸众生的无奈、良知者悲天悯人的情怀。比起这些植根大地，凭着良知为百姓呼喊、踏踏实实为他们做点事的作家，我常常感到海外作者的作品大多流于肤浅，从分量上很难跟国内的一流作家相提并论。

已成局外人的我们，再写今天的中国，难免会落入二十世纪八十年代外国人写中国时的走马观花、肤浅偏颇。如果依然停留在挖掘熟悉的历史记忆的层面，甚或咀嚼别人嚼过的馍，似有“为赋新诗强说愁”之嫌，令读者生厌。

如何拓宽新的视野呢？王国维在《人间词话》中提及的人生必经之三种境界，似乎也适用于海外写作者。从回首熟悉的故园往事，到描述艰辛的异乡开拓，尘埃落定之后，我们中的不少人，自然而然地步入了新的佳境，对东西方文化价值观进行比较思索，探寻人类命运的异同。

这本新书，收集了我近年来的一些中短篇随笔，记叙了我在致力于推动中国文化与世界交流方面的种种反思以及多姿多彩的异域生活。

《尺素天涯》通过我对一位加拿大老人比尔·史密斯的采访，揭开了一段被掩埋的历史，解读了英雄人物作为常人的情感世界，还有他非凡的理想情怀的源头。

《小红鱼儿你在哪儿住》记叙了我从八十年代留学加拿大初期便开始的与明义士家族几辈人的交往。这一独特的加拿大基督教传教士家庭与甲骨文考古研究，以及中加两国外交史上千丝万缕的牵连，为我们提供了对人类文明新的审视角度。

《嘤其鸣·答友人》的创作，源于我和加拿大法裔女作家米雪·提塞尔之间的诚挚友情。二〇〇九年秋天，我们在蒙特利尔市召开的国际交流会上结识。对伟大的国际主义战士白求恩医生的共同热爱，使两个来自不同族裔背景的女作家开始了通信。在长达五年的交流中，围绕着文学创作与翻译、信仰与追求、种族与文化、历史与现状、婚姻爱情及子女家庭等人类共同关心的话题，我们俩展开了襟怀坦白的对话，其中不乏视角新颖的观点，带给读者思考与启迪。我从中挑选了自己的十二封信，编入此文。

我是一个执着的理想主义者。当周围的人们或真或假都极“左”的时候，譬如在革命口号盛行的年代，会觉得我“右”得发傻。而当人们都变“右”了时，譬如眼下对物欲和私利的崇尚，又会觉得我“左”。有国内来访的共产党员曾直截了当斥我“极左”，孰知我其实一直未变。只是世道变了，且多数人喜随波逐流、趋炎附势，因此跟着变了罢了。

抵御诱惑，独善其身，并非难事。我对东西方世界都采取了冷静审视的目光，如实地描写自己所熟悉的环境，希望通过笔下的客观呈现，警醒民众的思考，推动社会的进步。我坚持写作者的心灵坦荡、情感真实，不玩弄花招，不讨好市场，不追逐名利，不出卖良知，尽管这样做会受到评论界的冷遇。

虽然身在西方并于主流社会就业，我依旧保持了从故土带来的勇气，直面人生，从不忌惮会否因秉笔直书而冒犯了谁，从而遭受攻击诬蔑乃至疯狂的陷害。所幸我周围的同事多为正派的知识分子。我的坦诚与信念，赢得了更多的尊敬与关爱。

我在加拿大二十八年，入过地狱，也上过天堂。这些经历都幻化为可贵的资源，赋予了我创作的灵感。滑铁卢大学瑞纳森学院对我的厚爱，免除了我的后顾之忧，使我这些年来能够有充足的时间和精力去思考与金钱无关，而与人性有关的一些问题。

现在，我的这些拙作即将编印成书，呈现给国内读者，希望它们能促进海内外同胞之间的沟通与理解，让我们共望天涯路。

李 彦

二〇一五年写于加拿大滑铁卢

目录

c o n t e n t s

尺素天涯

白求恩最后的情书及其他

尺素天涯

——白求恩最后的情书

“当然，我母亲非常美丽。这是公认的！”

“他们俩的关系，是谁追谁呢？”

“嗯……我想，还是白求恩更主动吧。”

初秋的傍晚，落日余晖浸了几分阴柔，几分伤感，笼罩着百年老屋幽暗的客厅。窗帘太旧了，已辨不清是棕红还是土黄。天光透过缝隙，斑斑驳驳，洒在油漆剥落的地板上。靠墙立着的木架，窄窄的，略微倾斜。巴掌大的镜框里，嵌着一枚黑白照片。女郎正当

莉莲

妙龄，身穿深色毛呢大衣，发髻上斜扣了一顶贝雷帽，明眸皓齿，优雅端庄。

光线太暗，拉开落地灯开关，才看清了老屋主人。他的腿跛了，坐在单人沙发里，双手握紧拐杖，竭力挺直了腰板。蓝白相间的方格衬衫皱皱巴巴，牛仔裤露着破洞。花白的头发久未修剪，似秋风中野草，散披在额头、肩上。唇角紧抿，双颊深陷，凸显出一条条刀刻斧凿的沟壑。时光倒流。蓦然想起狄更斯笔下的流浪汉，破帽遮颜，孤独地徘徊在雾伦敦街头。

且慢。掩藏在野草后的那对灰蓝色的眸子，分明闪烁着智者的锋芒，忧郁冷峻，怒向刀丛。

“你母亲和白求恩之间，究竟是一种什么样的关系？你了解多少呢？”懒得抽丝剥茧，单刀直入了。同属坦诚之人，对方不会计较吧。

还是唐突了。老人缓缓摆了下头，眉目间绽出一缕高傲。“我从来没有问过她。为什么？那种问题是极不得体的。我们英国人矜持惯了。喜怒不形于色。从孩提时代起，我们就受到教育，要掩饰自己的感情。也许，你会觉得我们很冷漠。但实际上，我们只是竭力控制住自己，不显山露水罢了。人非草木，孰能无情？”

“你，有没有可能是白求恩的儿子呢？”我明知故问，希望挖掘出更多尘封的秘密。

老人被傻话逗笑了，咧开口，露出几颗残存的牙齿，似乎忘记了刚刚炫耀过的绅士所应具备的“矜持”。“那怎么可能啊！”野草在眼前晃动。眸子里溢出快活的涟漪。“一算就知道了嘛！他们俩最后一次见面，是一九三八年初。从那以后，白求恩就再也没有返回过故乡。而我呢，是一九四二年才出生的啊！”

哦，上帝，真希望他的出生证上记错了。那该有多么美妙！

在加拿大生活了几十年，风闻过围绕着白求恩医生的不少逸闻趣事。这位中国人民心目中伟大的国际主义战士，在他的故乡，却是个毁誉参半的人物。其多姿多彩的一生，除了在身后留下众多感人肺腑的不朽篇章之外，也激发了想象力丰富的作家灵感如泉，任思绪飞扬，探索人性之深邃复杂。

加拿大先锋派作家丹尼斯·鲍克在二○○六年出版的长篇小说《共产党人的女儿》便是其中之一。该书虚构了白求恩在太行山的岁月里，面临日军长驱直入中原大地造成混乱和死亡的悲惨局面，撰写了一封令人心痛如绞的长信，留给他那从未谋面的女儿，那是他与情人所生的孩子，被遗弃在战火纷飞的西班牙了。

鲍克的另一部作品《回家》今年刚刚赢得了人民文学出版社颁发的二十一世纪年度最佳外国小说奖。我殷切地期盼着，有慧眼识才的伯乐，能把《共产党人的女儿》这部思想性兼艺术性俱佳的小说也翻译成中文，以飨中国读者。

鲍克曾善意地提醒我说，这部小说中的白求恩，和你们中国人所理解的相去甚远，也许你们并不乐意读到这样的描写呢。

我回答他，丹尼斯，其实你不了解中国人。我们的思维，远比你所想象的更为微妙、繁杂。

西方社会对白求恩的微词，除了源自冷战思维的影响之外，也基于他在婚姻恋爱上与众不同的率性与浪漫。与同一女性两度结婚却两度仳离、在西班牙战场上与欧洲女画家的热恋，都成为抨击者对其诟病时常用之词。

我却不以为然。因我看到的，是一个直面真实的勇者。那种果敢与坦诚、光明与磊落，相较于遍地开花的投机钻营、世故圆滑、谄媚逢迎、尔虞我诈，恰是人类稀缺的珍贵品质。

白求恩与生俱来的人格魅力，像磁石，吸引过许多优秀的女性。前些年，我的同事、英文系教授朱蒂丝和我闲聊时提及，她的姑母在二十世纪三十年代曾与白求恩是同事，两人都在蒙特利尔的一所大医院里任职。在她姑母眼中，白求恩是一个聪明勇敢、正直善良、医术高明且充满活力的男性，自然深受女性爱戴，也因此绯闻不断。

“我姑母说，他是个精力异常旺盛、充满奉献精神的人。然而，在个人生活方面嘛 ……”朱蒂丝抿嘴一笑，似乎羞于谈论涉及他人隐私的话题。看到我期待的目光，她终于还是讲了下去。

“姑母说，有一次，一个年轻女护士突然失踪了，好几天没来上班。大家四处寻找，不见她形迹，便去护士长那里告状。护士长正在检视病历呢，连头都没抬，只应了一声：‘去，查一下，看看诺尔曼这几天在哪儿呢。’”

“白求恩绝非完美无瑕。”我的师姐熊蕾、一位中共老前辈的女儿如是说，“事实上，恰恰是中国革命、共产党领导下的中国军队，还有中国的老百姓教育和影响了他，最终成就了一个英雄人物的形象。”

她的解读，令我回想起初抵加拿大时浏览过的一本英文传记。那是二十世纪五十年代白求恩的战友们集体撰写的。其中有个细节，多年过去了，仍滞留脑中，鲜明如昨。

示范医院建成仪式讲话中，白求恩（右）强调他和中国人在各自身上学到了很多。

在晋察冀边区艰苦的岁月里，白求恩曾经与八路军驻地附近的一位基督教女传教士有过一段引人遐思的交往。那座教堂建立在五台山腹地的崇山峻岭间，里面居住着一位从新西兰远渡重洋来华、名叫凯瑟琳的年轻姑娘。

两人奇妙的邂逅，发生在蜿蜒曲折的盘山道上。那个秋天的下午，凯瑟琳跟随着一群中国百姓，立于村口，好奇地观赏着前所未见的景观：细碎的铃铛声由远而近，一列长长的驼队掀起烟尘，出现在天边。那不是司空见惯的走西口的晋中商贾，而是一位洋人率领的骡背上的战地医疗队，途经村庄，前往松岩口小镇。

秋阳映照下，崖畔丛生的酸枣野果鲜红靓丽。山道旁，一袭黑色长裙、亭亭玉立的西方女子，如羊群里的骆驼，攫住了白求恩的目光。

凯瑟琳小姐在这个闭塞的村庄里已生活了数年之久，操一口流利的五台话。与白求恩大夫打招呼时，她的心头可曾惊怵，久违的母语，出口时竟如此生涩？两人站在路旁的松树下，聊了个把小时。入冬前的那些日子里，白求恩应凯瑟琳之邀，曾数度前往教堂造访。

在白求恩眼里，这位身材高挑、眉目开朗、举止端庄、忠于信仰的姑娘，令他想起了已经过世的母亲。在青年时代，母亲也曾满怀激情地远涉重洋，到夏威夷群岛，于土著人之间传播上帝的福音。

也许是久居深山老林，难以见到一位“同类”吧，交往之初，凯瑟琳便显露出掩盖不住的热情。姑娘怀揣的，是何等情愫呢？也许是对爱神的悄悄企盼，也许仅仅是友谊地久天长。

但在白求恩内心深处渴望的，却不仅仅是友情。

那年他四十八岁了。以其对女人的丰富经验，第一眼，他便看透了，能够打动面前这位女性的，绝非个人得失，而只能是信仰。事实上，那种能为私人名利所动摇的女性，对他这种人来说，也毫无吸引力可言。

青灰色教堂的屋顶上，孤独的十字架默默地遥望着蓝天。穿越花木凋零、萧瑟空旷的院落时，钟声在寒风中叮当鸣响。银色的烛台下，身穿臃肿的黑棉袄、扎着裤脚管的中国村民，正对着高悬在头顶的耶稣像，虔诚地顶礼膜拜。

他们向上帝祈求的，都是什么呢？白求恩呆立在高大的拱门下，陷入了怀旧的怅惘。耳畔喃喃的祈祷声，把他的思绪带回到圣劳伦斯河畔的皇家山上。耸立在蒙特利尔市中心的圣心大教堂，庄严宏伟，灯火辉煌。唱诗班的歌声余音袅袅，伴着优美的管风琴声绕梁回荡。

此情此景，似曾相识。这里却非久违的故乡。行人莫问当年事，故国东来汾水长。

鲜为人知的是，兴趣广泛的外科医生白求恩也曾尝试过文学创作。美国的《进步周刊》发表的第一篇反映中国抗日战争的文艺作品，即出自白求恩大夫笔下。

《中国肥田里的稗草》这一短篇小说，描述了华北山村一个大字不识的农家老汉。祖祖辈辈耕耘劳作的田园生活，毁于日军侵略的战火。老汉在自家麦田中发现了一颗哑弹，于是历尽艰辛，赶着小毛驴，顶着烈日的暴晒，把这个用树叶严严实实遮盖着的“宝贝”，送到了儿子参加的游击队。故事的灵感，可是取材于山清水秀、民风淳朴的五台？

“白求恩的这篇小说，显示了他的观察能力和文学造诣。”

然而，实事求是地讲，对于此篇作品善意的褒奖，我不敢苟同。小说中的某些细节，例如“他忽然看见田边有个奇怪的地洞，中间竖着一个东西，那个东西看起来好像一个削去了头的黑色的大菠萝”，这种想当然的比喻，暴露了白求恩并不真正谙熟华北的乡间生活。二十世纪三十年代北方山区的农民，何尝见识过岭南的菠萝？

白求恩曾与凯瑟琳小姐秉烛长谈，津津有味地分享她珍藏的陈年红酒，品尝她用羊奶精心制作的乳酪，还有她亲手烘烤的在百里山乡都难得一见的松软的蛋糕。

虽然姑娘把栗色秀发一丝不苟地梳向脑后，绾成整齐光滑的发髻，看上去过于严肃、刻意端庄了，他却分明感受到了姑娘在他面前情不自禁流露出来的活泼与娇羞。

可是，当他动员姑娘加入抗日阵营，为八路军的医院尽一己之力时，他那向来倾倒众生的魅力，却迎面碰上了铁壁铜墙。

放弃，从来就不是他所熟悉的字眼。“目前情况紧急，已迫在眉睫。你无法想象，我们缺医少药的状况有多么严重！与日本军队的战斗如此频繁，我做手术时，却连必需的胶皮手套都没有。伤员们接受截肢时，甚至连麻醉药都无法施用！跟延安讨要吗？根本无济于事！因为那里同样物质匮乏。等待走私者偷运货物进来？那恐怕遥遥无期。而伤员们就在这等待的过程中接连不断地死亡！我唯一能想到的人，就只有你了。你是神职人员，可以合法地去北平城，购买药品并带回来。怎么样，能帮我一把吗？”他语气迫切，口若悬河。

姑娘的理由也堪称冠冕堂皇：我反对战争，反对杀戮。我要对我的教会负责，保持中立，不能介入任何争端。因为上帝不支持任何形式的暴力行为，正义也罢，非正义也罢。

“其实我和你一样，也来自基督徒家庭。我父亲就是牧师。从某种意义上来讲，我本人也算是个传教士。”白求恩的雄辩，显然来自父辈的遗传。“你想拯救人们的灵魂，以便他们将来能在天堂里幸福地生活。而我想拯救的，却是他们眼下在人间的悲惨命运。我们的大方向是一致的，可说是殊途同归！我并非要求你参加战争。我仅仅是请求你，为拯救人类的生命，尽一份应尽的力量！”

凯瑟琳躲开他咄咄逼人的凝视，陷入了难堪的沉默。寒风掀动了窗帘，烛火忽闪不定，打乱了投在壁上的人影。红酒、奶酪、蛋糕，都寡淡无味了。

那个夜晚，年轻的姑娘可曾独自跪拜在耶稣像前，苦苦地诉说心灵的挣扎？

第二日清晨，早霞刚刚洇染了崖畔的青石壁，给冬日的山谷带来一丝暖意，凯瑟琳苗条的身影已穿越羊肠小道，出现在松岩口小镇上。

“我决定了，亲自去一趟北平。”

“你想好了没有？这可是要担风险的事情啊！”白求恩激动的声音，难掩他喜悦的冲动。

“不错，的确很危险。但你所从事的工作，危险何其万倍！我现在终于相信了，发生的一切，皆是上帝的旨意。”

当年轻的姑娘顶风冒雪下山，前往日军占领的北平城，去购买受到严格监控的医疗设备和药品时，白求恩在日记里留下了他的感慨，“我遇到了一个天使：凯瑟琳。如果她不是天使，那么这个词汇又意味着什么呢？”

严冬降临时，日军占领了五台山，白求恩和他的战友们辛辛苦苦建立起来的模范医院，诞生仅仅两个多月，便在猛烈的炮火袭击下，惨遭摧毁，夷为平地。八路军被迫战略转移。

随着骡背上的医疗队，艰难地攀过白雪覆盖的山峰，回望远方依稀可辨的教堂尖顶，白求恩的目光中流露出一丝迷茫。云横五台家何在？雪拥雁关马不前。

自从凯瑟琳小姐下山之后，已经很久了，没有收到她的一点消息。她是否安全抵达了北平？她是否能够完成这重要的使命？

身旁的中国同伴见状，小心翼翼试探道，这次撤退，不得不离开凯瑟琳小姐，您是否心中难过，依依不舍？

几个月来，大家都在暗地里揣测，两人来往如此频繁，一定是沉浸在热恋之中呢。的确，白大夫已离婚多年，早该寻找一个妻子，开始新生活了。

白求恩收回沉思的目光，仰天大笑。“同志！此处是前线，是战场，不是找老婆、娶媳妇的地方！”

炮火连天，硝烟滚滚。激烈的战斗，不知已持续多少个日夜了。战士们喊着他的名字，迎向敌人的子弹。

“冲啊！白大夫和我们在一起，他能起死回生！”

一批又一批伤员抬进来，放在小庙冰冷的土地上，等候着接受没有麻醉药的手术。院墙外，机关枪声忽近忽远。炮弹呼啸着掉落在四周，小庙的瓦顶被震动得索索直响。

晨曦再次透入了窗棂。白求恩步履踉跄，走出小庙，眨巴着干涩疲惫的双眼，看看东方初露的曙光，凝视着周遭坍塌的农舍、冉冉焚烧的黑烟，嗅嗅空气中弥漫的焦肉的腥臭，一语不发。他朝自己脸上浇了一捧冷水，甩甩麻木酸疼的双臂，便重又返回到临时搭建的手术台上。

又一场战斗结束了。敌人被击溃，撤退到三里开外的荒野里喘息。白求恩大夫呢，已经马不停蹄，连续工作了六十九个小时，整整救治了一百一十五个伤员。

八路军转移到太行山东麓一个叫孙家庄的小村之后，白求恩重起炉灶，着手创建了第二家野战医院。和在五台山时一样，地址也选在一座佛寺之中。

春风悄悄潜入山林的某个夜晚，院子里忽然传来同伴们的欢呼声。大家争相转告，凯瑟琳小姐回来啦！

白求恩匆匆冲到门外，四下里张望："哪儿？她在哪儿？怎么不把她带过来？"

星光下，找不到凯瑟琳苗条的身影。只看见了两匹骡子，上面驮着医疗设备和药品，还有一封长信。

亲爱的白求恩医生：

和你会面的第二天，我就动身去北平了。一路顺畅。经过数天的跋涉，我终于抵达了这座美丽的东方古城。多么遗憾你没能和我一起旅行啊，否则我可以做你的向导，陪伴你参观所有的名胜古迹。我敢保证，你对见到的一切，都会由衷地喜欢。

抵达北平次日，我便带着你交给我的那张清单，去了莫里森大街那家大药房。因为我所需要的数量过于庞大，所以店家拒绝出售给我任何药品。显而易见，日本人花费了巨大的精力，严防任何医疗物资包括药品流出日本占领区，用于军事目的。

我了解到，医疗物资必须有敌人官方的正式批准文件，才允许出售。在零售店里，可以不用批准就买到少量药品。但我发现，如果完全依赖零售店这条渠道的话，我恐怕要耗费至少半年的时间，才能买齐你所需要的全部东西。

幸运的是，我有个朋友，他在北平管理着一家医院。他与我们一样，也拥有同样的信仰。因此，他以这家医院的名义，帮助我获取了官方的批准文件。拿着这份文件，我回到莫里森大街那家药房，买到了所需的大部分药品。至于少部分没有存货的，我第二天跑到哈德门，也在那里搞到了。哈德门那里有一家德国贝耶公司的分店……

我可以想象得出，当你得知，我终于弄到了你所需要的全部物资时，心里该是多么快乐啊！虽然这整个过程搞得人精疲力竭，我却非常高兴，能为你，而去做这一切。

在完成这些任务之后，我才花时间去处理我们教会的相关事宜。我知道，读到此，你又该笑了。我仿佛能听到你爽朗的声音：购买医疗设备和药品，也是百分之百地为上帝和教会服务啊！

我不会反对你这样说的。让咱俩达成共识吧：为你服务，也是为教会服务的一部分……

按照你所要求的，我去一一拜访了你在北平城里所有的朋友。当他们听我叙述了你在这个国家某个地区所从事的工作之后，大家先是很惊讶，继而十分兴奋，接着，每个人都表示，盼望能够与你会面、好好聊聊。J甚至询问，他是否能随我一起回来，加入到你高尚的事业中去。我不知道你会怎样考虑，但我仅仅能向他允诺，下次我再来北平，可以带着他同返太行山。

（接下来，凯瑟琳描述，她在回程中，遇到了日本宪兵和伪军的盘查，她是如何成功地说服了他们，这些医疗用品都是为她所在的教会服务的；还有她在敌占区小镇上的停留，以及她返回自由区之后与八路军代表的晤面。）

我在半途中，被来自第三战区的一个军官拦住了。他对我说，他收到指令，让他从我这里领走物资，然后转交给你。我照办了。尽管我十分渴望，能够当面把这些物资亲自递交到你的手中。

然而，想到你戎马倥偬，转战天涯，行踪飘忽不定，我终于决定，还是遵命照办吧。所以，此刻我给你写信，并附上物品清单……

我感到，我已经逐渐能够理解你的工作意义何在了。明白之后，我极为迫切地盼望着，能够与你分担这一切。这是无比崇高的事业。若是我能略尽绵薄之力，我将会欣喜万分。

衷心祈祷上帝，迅速惩罚那些制造灾难与不幸的奸佞之徒。你曾经提到，惩罚恶人，将是上帝给他的子民带来的最大福祉。你是正确的。

今晚，我将在上帝面前为你祈祷。

凯瑟琳　谨上

没有一个“爱”字，不见一丝晦涩。我却从字里行间，清晰地捕捉到年轻姑娘矜持含蓄、竭力掩饰的深情。

毫无疑问，诺尔曼继承自父亲的执着、母亲的热情，不可抗拒，难以抵挡。年轻的新西兰女郎被彻底征服了，心甘情愿地加入到中国人民圣战的一方。

白求恩大夫呢？也许他难掩胸膛里的悸动，也许他早已习惯了来自异性的仰慕之情。读罢信，他踱到庙门外，站在高高的台阶上，仰望着天幕上北斗的清辉，陷入了良久的沉思。

微风细草，旷野繁星。他可是想起了五台山上那一个个温馨的夜晚，烛光摇曳，笑语盈盈？

“基督徒们相信，每当你拯救了一颗灵魂，你死后到了天堂里，就会享受快乐。今天晚上，我却要在人间享受这种快乐了，因为我们的军队赢得了一名出色的新兵——凯瑟琳小姐。”回到室内后，他对身旁的中国同伴说。“她来到中国，本是为了扭转别人，去信奉她的基督教义的。然而，她这位基督徒，却被拉入了我们的队伍！我们把天堂和人间的距离拉近了，这难道不是很有趣吗？”

后来呢？我们可敬可爱的天使凯瑟琳小姐最终去了何方？

黄鹤杳然。唯一知晓的，是日军占领了五台山之后，那座白云缭绕的青灰色的基督教堂，也焚毁于战火硝烟中。

二〇一二年初夏，我初次踏入五台胜地。驻足高高的山崖旁，眺望雨后青翠如洗的山谷，满目皆是色彩缤纷的红墙绿瓦、琉璃庙顶。香烟冉冉，诵经声嗡嗡。

找不到松岩口模范医院的废墟痕迹，更难寻教堂钟楼的断壁残垣。清晨的阳光在密林间舞动婆娑，透过崖畔古柏的枝丫，映现出两个鲜活的人影。年轻纯洁的凯瑟琳，目光炯炯的诺尔曼 · 白求恩，正在忽明忽暗的烛光下，相视而笑，侃侃辩争。

诺尔曼特立独行的个性、招致非议的举动，使他在自己的祖国成为倍受攻击的对象。那积压已久的郁闷和沮丧，在抵达东方的神秘古国之后，才终于得以释放。

在写给故乡朋友的信中，他曾经如此形容自己的心境：

我真的怀念咖啡、半熟的烤牛肉、苹果馅饼，还有冰淇淋。那都是绝佳的美味啊！还有书籍。还有人在著书立说吗？还有人在欣赏音乐吗？你们还常常跳舞、喝啤酒、看画展吗？躺在铺着雪白床单的柔软的床上，该是何等滋味啊？姑娘们还渴望被人爱慕吗？但必须遗憾地说，如果我再次获得了上述所有的东西，也不会带给我任何惊喜了。

此处的生活，既粗陋又艰苦，但我却乐在其中。虽然十分劳累，我却很久都没有如此快活过了。我感到巨大的满足，因为我正在做的，恰恰是我希望从事的工作。我的财富来自于每时每刻都有重要的工作来做！我深深感受到自己被需要时的那种欢乐！

在五台山的战地医院里，白求恩亲自绘图，教乡村木匠制作固定骨折用的木夹板和牵引架，还亲手拿着榔头敲敲打打，指导铁匠打造夹板上的铁条。他自己动手，裁剪美孚废油桶，教人们烧焊伤员用的大小便器和喝水杯，并指导乡村妇女为伤员缝制中间掏出一个透气洞的棉垫子。

我没有钱，也不需要钱。我无比幸运，因为能够与那些真正把共产主义作为生活准则，而不仅仅是奢谈和空想的人们为伍，并肩奋斗。

在中国人这里，我找到了真正的战友，他们属于人类最高尚的那一类别。他们目睹过残酷，但他们懂得温柔。他们品尝过艰辛，却懂得如何微笑。他们忍受过巨大的磨难，却拥有坚韧、乐观、智慧与安详。我逐渐地爱上了他们。而且我知道，他们也同样爱着我。

八路军的津贴，从战士到团级以上的干部，每月分别为一元，二元，三元，四元，五元。毛泽东也是五元。为了照顾白求恩，中央特批给白求恩一百元。他却从来没有领取过。司令部配备给他的一匹马，倒是被接受了。但他舍不得骑它，仅仅用来驮运医疗器械。

炊事员见他操劳过度，身体越来越瘦，曾悄悄炒一盘鸡蛋给他补养。他却大发雷霆，一口都不吃，分给了需要营养的伤病员，自己则和战士们一样，嚼小米饭，喝白菜汤。平时有点好菜，他也舍不得吃，都会一一分给伤病员，自己啃几个柿子充饥。

难以理解，诺尔曼的妻子，一个出身高贵、教养良好的英国女郎，为何会两次嫁给这个最值得爱戴的男人，却两次均以离婚收场。

广为流传的说法之一，是她曾经在拉开家中新买的冰箱、准备取肉烹调晚餐时，却骇然发现了丈夫存放在冰箱里的患者内脏。对于墨守成规的女人来说，婚姻自然走到了忍无可忍的尽头。

然而，当诺尔曼躺在太行山深处黄石口村农家的土炕上，奄奄一息，等待死神降临的时刻，他却没有忘记在遗嘱中关照那位已经离异多年的前妻。

他叮嘱八路军司令员聂荣臻，一定要转告加拿大共产党总书记蒂姆·布克和他的同志们，用分期付款的方式，按时支付他前妻弗朗西丝的生活费。

“我对她负有不可推卸的责任。不能因为我自己没有钱，就使她中断生活来源。请向她说明，我是十分抱歉的，但也请告诉她，我曾经十分快乐……”

在那悲哀的日子里，聂荣臻司令员并没有守候在黄石口村的病榻前。一九三九年十一月上旬，他所指挥的晋察冀部队在一二零师的配合下，刚刚取得了雁宿崖、黄土岭战役的重大胜利，击毙了日军“名将之花”阿部规秀中将，歼敌一千五百余人。经白求恩救治的伤员中，至少有两名是日本士兵。

“我们作为医生不能袖手旁观，不能因政见不同而眼睁睁地看着成千上万的人缺医少药，身处悲惨境地。解救人类的苦痛是医务工作者的历史使命，我们责无旁贷。”白求恩在西班牙战场上，曾经如此写信给加拿大的朋友们。

凯瑟琳小姐历尽艰辛从北平运回来的药品，早已消耗殆尽。在一次疲惫不堪的马拉松手术中不慎割伤手指，感染了败血症，却没有任何药品救治的白求恩，只有面对死亡。

等待死神降临的过程，是令人恐惧的。趁着意识清醒之时，断断续续地，他留下了我们今天都知道的遗嘱，把属于自己的所有物品，一一分赠给身边的中国伙伴。

两个行军床，你和聂夫人留下吧。两双英国皮鞋，也给你穿了。

马靴和马裤，给冀中的吕司令。

贺龙将军也要给他一些纪念品。

给叶部长两个箱子，游副部长八种器械，杜医生可以拿十五种，卫生学校的江校长，让他任意挑选两种物品作纪念吧！

打字机和松紧绷带给郎同志。

手表和蚊帐给潘同志。

一箱子食品送给董同志，算作我对他和他的夫人、孩子们的新年礼物。文学的书籍也给他。

给我的小鬼和马夫每人一床毯子，并另送小鬼一双日本皮鞋。

照相机给沙飞，储水池等给摄影队。

医学书籍和小闹钟给卫生学校。

…………

每年要买二百五十磅奎宁和三百磅铁剂，专为治疗患疟疾者和贫血病患者。千万不要再往保定、天津一带去购买药品，因为那边的价钱要比沪、港贵两倍……

最后，诺尔曼写道：

请将我永不变更的友爱送给蒂姆 · 布克以及我所有的加拿大和美国的同志们。请告诉他们，我一直非常快乐。我唯一的遗憾是，我将无法继续奉献了。过去的两年，是我的生命中最有意义、最为非凡的两年。虽然有时感到孤独，但我却在这些值得敬爱的同志们之间寻找到了最大的满足。我没有力气再写下去了……让我把千百倍的谢忱送给你和众多亲爱的同志们。

诺尔曼 · 白求恩

上海的共产党人求助于黑社会头领杜月笙，躲过日本人的严密封锁，搞到了一批珍贵的青霉素。跋山涉水，几经辗转，当药品终于送到黄石口这个小山村时，白求恩已处于弥留之际了……

白求恩牺牲后，聂荣臻司令员亲自挑选了柏木寿棺，又泪流满面地亲自为白求恩入殓。接连五天，人们用担架抬着白求恩骨瘦如柴的遗体，顶着初冬凛冽的寒风，沿着太行山崎岖的小径，穿越了一个又一个村庄，与乡亲们一一告别。担架后面，跟随着成群结队的男女老幼，哭泣着送别曾经不分昼夜、废寝忘食地为中国百姓驱赶病魔的“白大夫”。

加拿大政府拍摄的纪录片《白求恩》中的结束语是这样说的：“他死在一个群星灿烂的夜晚。他知道——我们都知道他要死去。我们无法忍住哭泣。我们翻山越岭，扛着他那已是很轻很轻的尸体，走了很远很远。村里的乡亲们都来了。他们全都哭了。苍天也哭了。我们要在群山中为他建一座陵墓。”

十一月十七日深夜，八路军将白求恩的棺木秘密埋葬在于家寨村的狼山沟，地面抹平，作了暗记，以防被日军发现遭到破坏。

消息传至延安，毛泽东悲愤交加，挥笔写下了那篇著名的文章《纪念白求恩》。从此，在中国人民心目中，耸立起一座丰碑：一个高尚的人，一个纯粹的人，一个对技术精益求精的人，一个脱离了低级趣味的人，一个有益于人民的人。

二〇〇九年深秋，在白求恩大夫逝世七十周年的那个日子里，加拿大滑铁卢大学孔子学院和魁北克孔子学院联合举办了一场研讨会，纪念这位伟大的国际主义战士。

很早之前，我就开始和朋友们策划，并特意邀请了来自加拿大东西两岸的学者和专家，在白求恩忌日这一天，从四面八方齐集于蒙特利尔市。

会议上，几位加拿大学者从不同角度介绍了白求恩大夫的生平，例如，从他的童年铁事探讨英雄的心理成长、他对绘画艺术的追求和奉献、他在医学领域里的发明研究和杰出贡献等等。这些内容，远远超越了我们从小便耳熟能详的华北抗日战场上救死扶伤的故事，使白求恩的形象更趋丰满和人性化，加深了我对这一伟大历史人物的理解和爱戴。

我在会上朗读的一段文字，是从刚刚完稿的英文小说《雪百合》中删除掉的一个情节。这个情节，来自于那个扑朔迷离、至今莫衷一是的传说，是关于白求恩医生弥留之际的最后遗言的。

加拿大妇女出版社的责编认为，这个情节有损于白求恩的形象，因此委婉地建议我将其删除。虽然我与她的看法有别，但思考再三，最终还是尊重了她这位加拿大人的感情，虽然心存遗憾。

没想到，我的朗读引起了在场观众一片抽泣声。我刚刚结束，就有一位加拿大法裔女作家激动地站起来，揉着红肿的眼角，要求发言。

午间休息时，我们率领全体与会者，步行了二十几分钟，穿越蒙特利尔闹市区，来到一条繁华的大街上。在晴朗的蓝天下，伴着《国际歌》的乐曲声，我们轮流上前，向矗立在街头的白求恩雕像，敬献上一支支芬芳美丽的鲜花。

在那个动人的时刻，仰望秋风中飘然而落的红叶，我情不自禁泪流满面。可叹街头驻足观看的众多行人，几人明白我悲从何来？那绝非单纯地对一个英雄人物的崇拜。那关乎我们回首来路，检视足迹时，对人生价值的自我审判。

一九四〇年一月五日，当八路军将白求恩的遗体迁移至河北唐县一个高坡上正式下葬时，漫山遍野站满了百姓，万人恸哭，悲声震天。

一九八七年，我初抵加拿大，就发现英雄故乡的人们对白求恩所持的态度，与中国人的大相径庭。人们要么对这个名字懵然无知，要么仅仅听闻过一些流言蜚语，便给以轻佻的评判："他呀，脾气暴躁，酗酒成性，与女人绯闻不断，还是个共产党！"

魁北克孔子学院的荣萌院长与我一样，同为八十年代赴加的老留学生。她曾与导师做过一个试验，两人一起守候在康考迪亚大学门前的白求恩塑像前，询问每一个过路的大学生："你是否知道这个雕像是谁？"毫不奇怪，所有中国学生的回答都是肯定的，而所有的加拿大学生却都茫然不知所问。终于，他们碰到了一个加拿大女生，她知道谁是白求恩。仅仅因为她是医学院的女生，所以听说过这位杰出的胸外科大夫在医学领域里的贡献和发明。

在中国现代史的课堂上，我常常会按捺不住，滔滔不绝地向学生们讲述起中国人民心目中这位不朽的英雄。每当看到青年学子们

作者李彦（右二）与友人在白求恩塑像前留影。

目光中燃起的火花，看到他们匆匆记下这重如千钧的名字时，我才会长长地舒一口气。

多么希望世人皆知：一个人虽然早已离去，但他的英魂不散，他所代表的人类最崇高美好的精神将永存。

二〇一三年的夏天，为了推动一个与白求恩相关的文化项目，在暑热蒸腾中，我回到祖国，并和朋友一起拜会了位于京西立交桥下的白求恩精神研究会。

最令我喜出望外的消息，是该会近期的重大成果：发现了全世界独一无二的毛泽东与白求恩的合影照片！

人们都知道，白求恩曾经去过延安，并和毛泽东见过面。但是，迄今为止，却没有留下过任何照片和文献记录，无论是官方的还是私人的。所以，毛泽东究竟何时接见过白求恩，似乎也成了无法确认之谜。被掩埋了七十多年的历史真相，却由于一张偶然发现的照片，得到了证实。

马总编拿来了那张照片的复印件。那是一张年代久远、颜色泛黄的黑白照。一眼扫过，我便毫不犹豫地断定，这是真实的，绝非伪造！

白求恩和毛泽东侧身并排而坐，从姿势上看，似乎是坐在那种称为“马扎”的小板凳上，在一个光线幽暗的场所，也许是延安的大礼堂，与其他人一起听报告，抑或是观摩文艺演出。那时的毛泽东还很年轻，头戴大家都熟悉的红军帽，双手托着下巴，聚精会神地注视着前方。也许，他压根就没有注意到，身旁这位身着八路军军装的国际友人，悄悄让人拍下了这张具有历史意义的绝照。

为什么这一珍贵的历史文物竟然埋藏了这么久才见天日呢？我好奇地打探。

据说，照片的拥有者是一位叫比尔 · 史密斯的老人。他居住在加拿大安大略省的伦敦市，长期以来过着离群索居的生活，甚少在公众场所抛头露面，但由于他对中国怀有的深厚感情，才与一个中国移民相识交往，并向他展示了自己收藏多年的珍贵文物。

马总编说，据他们所了解到的情况，白求恩大夫在中国期间，曾给比尔 · 史密斯的母亲写过多封信件，介绍八路军抗日情况和他的工作感受。这张照片就是白求恩送给他母亲莉莲的许多照片中的一张。比尔还有许多在中国出生的父亲的遗物，其中有从中国带回加拿大的清代的绣花丝绸长袍，以及记载他父亲在西班牙内战时期作为加拿大志愿军领袖的历史文物和资料。

“这张照片很可能是白求恩用自备相机拍摄的。这也是该照片没有在中国被发现的原因之一。据考证，一九三七年底，白求恩动身来中国之前，专门在加拿大买了一台柯达莱丁娜 II 型相机。从这张照片的取景和用光等角度来看，不像是专业摄影师的正式摄影，很可能是白求恩让别人用自己的相机帮助拍摄的。当时胶卷比较珍贵稀少，白求恩应当是在离开延安、奔赴五台山之前，把照片洗印并寄给加拿大的莉莲的。”马总编的分析和判断，听上去合乎情理。

白求恩精神研究会的理事们说，由于语言障碍，他们只能通过那位华裔移民与比尔沟通。但是，近期来，不知何故，与那位华裔移民的联络中断了，很久都收不到他的任何消息，也不知他身在何方。理事们希望，我能够协助他们寻找到比尔·史密斯，接续起断线的风筝。

加拿大老人与这张照片的故事中，牵涉到一些历史人物和关系，激发了我的好奇心。我欣然允诺，将全力以赴，协助白求恩精神研究会，完成他们的心愿。

返回加拿大之后，我立刻把这一消息告诉了我的朋友——远在蒙特利尔的法裔女作家米雪·提塞尔。她与我几年前在纪念白求恩逝世七十周年研讨会上结识，从此成为知心朋友，不断书信往来。

米雪是当地一个社会主义团体——奥宾基金会国际主义中心的骨干。多年来，她和一批志同道合的加拿大知识分子无私地奉献出自己的时间，致力于发扬白求恩所代表的国际主义精神和人道主义精神。

近两年来，我们合作策划了“沿着白求恩的足迹”这一跨越三国——加拿大、西班牙、中国的旅行考察项目。我们准备带领加拿大和西班牙两国的学者和作家，于二〇一五年秋季抵达中国陕北延安，重走白求恩战斗过的五台、太行，并在他长眠之地，纪念世界反法西斯战争胜利七十周年。

米雪的激动之情是不言而喻的。她立刻与奥宾基金会的朋友们分享了这一消息。

几个月之后，我收到了她一封电邮：“彦，我们找到了比尔·史密斯并和他见了面！他手中有很多白求恩写给他母亲的信。知道吗，最后一封，是爱情信！我太激动了！请在今晚九点钟之后给我来电话。米雪。”

什么？爱情信？是真是假？怎么此前从未听说过？难道说，白求恩没有在五台山上接受凯瑟琳小姐抛来的红丝线，与那位天使般的姑娘失之交臂，是因为他心中早已另有所属？这是一位什么样的女性呢？

又是一个冬春过去了。午夜梦回时，这一悬念时时敲击着我的胸口，令我生出无限的遐思与期待。然而，米雪和她的朋友们虽然在蒙特利尔会晤过比尔·史密斯，却对他的家庭住址和联络方式一无所知。好不容易接续上的风筝，再次断线。

据说，老人对二十世纪七十年代加拿大工人运动中的一些内部矛盾纠纷，迄今仍旧耿耿于怀，难以释然，因此淡出了政治圈子，断绝了与任何政党和组织的来往。

怎么办呢？“自己动手，丰衣足食”。安省的伦敦市距离我所居住的滑铁卢市，不过一百公里之遥。网上搜索后，立即就发现了比尔·史密斯的踪迹。原来，早在二〇一二年春天，当地的英文日报《伦敦自由报》就已刊登过老人的图片新闻，报道了他手中珍藏有历史文物这一消息。

白求恩的遗物将会去中国吗

记者：詹姆斯·瑞内

居住在安省伦敦市的退休社会活动家比尔·史密斯小心翼翼地展开了一封信，那是诺尔曼·白求恩写给他母亲的。旁边放着一张照片，注明日期是1938年5月1日，是白求恩与毛泽东在中国的合影。史密斯的父母和这位令人尊敬的加拿大医生曾经是朋友。他正在寻找机会，把一些相关的资料出售给中国，因为那里是白求恩广受爱戴的地方。

“他们比我们更珍视这些。”史密斯说。他的双亲把这些留给了他。七十岁的史密斯现在依赖退休金生活。出售这些遗物，可以帮助他支持一些有意义的工作。

一九三八年，住在窑洞中的毛泽东正在领导中国共产党的军队抵抗日本入侵者。史密斯的父母和白求恩是在加拿大共产党的圈子里成为朋友和同盟者的。他父亲是加拿大工人阶层的新闻记者，在一九三六—一九三九年的西班牙内战中曾经领导了加拿大的志愿军纵队，与反对弗朗哥法西斯政权的共和军并肩作战。

“我父亲是第三位领导人，因为在他之前已经有两人牺牲了。”史密斯说。他父亲的朋友白求恩那时是医生，也去了西班牙。离开西班牙时，白求恩与史密斯的母亲莉莲重逢。此前，她曾因罹患肺结核而接受过白求恩的治疗。采用的治疗技术是白求恩首次发明并拿自身做过试验的。

“是我母亲说服了白求恩去中国的。”史密斯说。莉莲告诉这位医生，行动不是在西班牙，而应当在中国。史密斯的父亲本来就是出生在中国的传教士之子。这些相互关联的因素，促使白求恩投入了中国的战场。

白求恩于一九三八年抵达中国，帮助毛的军队。一九三九年他在给伤员做手术时割破了手指，血液感染，很快就去世了。

白求恩在中国被誉为“寻求善良之光”。二〇〇四年，加拿大广播电视公司的电视观众在评选一百位“最伟大的加拿大人”时，白求恩名列第二十六位。但在中国，那里有以白求恩命名的医院、大学、展览馆、博物馆、塑像，人们对白求恩的崇拜远远高于此间。

白求恩去世之前的几个月，他曾给史密斯的母亲写过一封信，同时也给其他加拿大共产党的朋友们写了信。这封寄给莉莲的信来自华北的晋察冀边区，时间是一九三九年八月十五日。白求恩写道，他希望在十一月份时回国一趟，专程去募捐。

“他的愿望却永远未能实现。”比尔·史密斯说。

如今，史密斯准备把他家里保存的白求恩遗物归还到对这位医生尊敬有加的国度去。直到今天，史密斯还秉承着他的家族传统，身为加拿大左派并保持着与中国文化的纽带。

他的一位朋友已经返回到中国，探寻移交白求恩遗物的渠道。史密斯打算专程去渥太华一趟，探讨如何处理这些家传的遗物。

“中国有几处白求恩纪念馆。我真诚地希望，这些遗物能在白求恩纪念馆中让公众瞻仰。”他说。

读罢文章，我抑制住激动的心情，迫不及待地给《伦敦自由报》的这位记者打去电话，并在他的协助下，几经周折，最终找到了比尔·史密斯的下落。双方通信之后，又经过数月之久的耐心等待，才终于约定了周末见面的时间。我请求爱人驱车，带我来到了有一个多小时车程的伦敦市。于是，便有了那个夕阳斜照的下午的会面。

“很抱歉，让你们看到我这副糟糕透顶的模样！你们进门之前，我才吞服了一粒止痛片。否则，我甚至无法坚持坐在这里，和你们交谈。”

我这才知道，为什么老人一再推迟我们见面的时间。原来，夏天时，老人车祸受伤，步履艰难，已窝在家中，多日不出门了。

他咬牙皱眉，勉强弯下腰板，从茶几下取出一个牛皮纸袋，抖颤着双手，小心翼翼打开了一个巴掌大小、已经破碎的灰黄色信封。“都在这儿呢，你慢慢看吧。当初发现时，就是这种模样。”

打开信封，展开里面那张边缘磨损、发黄的信纸后，露出了夹在信纸中间的二寸见方的珍贵照片。是真迹。比我先前看到的复印件小了许多。照片的背面，依稀可辨白求恩亲笔书写的潇洒的钢笔字迹：

毛泽东和白求恩

延安

三八年五月一日

我不忍触碰那张布满裂纹、几近破碎的信纸，便把它平摊在面前的茶几上，俯身其上，借着落地灯投下的光亮，仔细辨认上面模糊不清的字迹。

白求恩给莉莲的信件和照片

中国河北西部晋察冀军事区 G.H.Q.

一九三九年八月十五日

亲爱的：

为了你，我在中国地图上的许多城市到处散发信件，在延安发过，在北平发过…… 殷殷地盼望着，你能收到它们。可是，看来你却像从未收到过一封信。

今年三月和五月，我都从北平给你发过信，指点你到那座城市去。从北平城到我们这个地方来，十分方便，只需两天路程就够了。然而，我的联络人却只得到了这样一个回复："没有经费。"后来，有几个传教士要返回加拿大去，其中一位十分同情我的处境，因此也给他们带过话。从春天到夏天，整个这段时间我都在河北中部停留，由于完全被敌人包围了，我们经常接连数月都与外界彻底隔绝。

我准备回国停留几个月。我的工作需要很多钱，但我却什么也得不到。我真不明白，从加拿大和美国筹集来的资金都去了何方？我在这儿建立的医疗培训学校中，有二百位医生需要培训，每个月都需要至少一千块银元的经费。

我计划在十一月份时动身，这样，在一九四〇年的二月底就能到家了。因为我要绕道南方，路途遥远。

我曾给你拍过一封电报，让你不必马上来此地汇合了，而应当留在加拿大等待我。至于我嘛，当然必须留在这里工作。如果你仍然保持着和我一致的信念，那么，明年你可以随我一起，同返中国。

我是七个月之前收到你最后一封信的。从那以后，就再也没收到过来自加拿大或是美国的只言片语了。

啊，上帝，时间已经过去这么久了。我极度疲惫，瘦弱不堪，已经精疲力竭，油干灯尽了。也许，你不会再喜欢你的老家伙了！

再见了，亲爱的莉莲！

白求恩

爱情，是无可隐匿的。在抬头的称呼上，白求恩使用了“Darling”这个仅仅用于恋人之间的字眼。在他书写这封信的时候，岂能预料，恰恰是在两个多月之后，也就是他预计要动身回国，为中国人民抗战募捐的11月12日那一天，他将要永远告别这个世界，长眠于异国他乡的黄土地上，再也不能回到他朝思暮想的恋人身边了。

比尔拿出了另一张老照片，二寸见方，是白求恩大夫的半身像，虽然那时的诺尔曼已开始谢顶了，但比我们熟知的他在晋察冀边区的那些历史照片，此时的白求恩，面颊尚圆润丰满，目光温存，且含着一丝顽皮的浅笑。照片的背面，是他用钢笔书写的手迹：

给莉莲，

捎去我的爱。

白

三八年二月六日于香港

“不是说，他给你母亲写过很多封信吗？怎么只有这一封呢？”我渴望看到更多的真迹。

比尔摇摇头：“也许他写过不少，但我母亲都没有保存。就连这最后的一封，夹着他与毛泽东合影的这封，也是在我母亲去世后，我整理她的遗物时才发现的。”

“你父亲是否知晓他们之间的这种情感呢？那时，你的父母应当已经结婚了吧？”我大胆地追问。

老人的父亲爱德华·史密斯，是加拿大共运史上赫赫有名的传奇人物。一个叱咤风云的汉子，能否接受自己的亲密战友和妻子之间的暧昧情感呢？也许，这对夫妻之间的感情早已出现了裂痕？

比尔摇摇头，目光投向玻璃窗外逐渐模糊不清的树影，似乎有意避开我的视线。

“上辈人的感情纠葛，我不知情，也不愿胡乱揣测。我说过，母亲在世时，从未和我提起过她与白求恩之间究竟是怎么回事。那会很尴尬的。这个，你懂的。”他耸耸肩，自嘲似的笑了一下，接着补充道：“我只知道，我来到人世，纯属意外。母亲年轻时，患过肺结核。那个年代，肺结核与如今的癌症一样，几乎等于不治之症。大多数患者都束手无策，只能眼睁睁地听候死神的召唤。”

白求恩曾讥讽说，世界上只有两种类型的肺结核，一种是富人的，得到治疗；一种是穷人的，只有死亡。

在为无钱医病的穷人义务诊治的过程中，白求恩自己也染上了肺结核。

我的同事朱蒂丝教授自幼在蒙特利尔长大。她告诉我，白求恩曾在那个城市建立过一所儿童美术学校，义务教授孩子们作画，并曾举办过一次个人画展。她仔细分析过白求恩在这个时期创作的一批油画。其中一张，展示了一个儿童死于天使的怀抱之中。也许，染上肺结核的白求恩，也曾悲哀地预感到，死神将不可避免地降临头顶。

在濒死的体验中，他研制发明了一种新的治疗方式，并率先在自己身上做试验，治好自己之后，才将这个方法用于其他患者。

“我母亲也是被他治好的。他摘掉了我母亲一半的肺叶。你想想嘛，一个只剩下一半肺叶的女人，身体那么孱弱，怎么会有怀孕生子的欲望呢？”

我抬起头来，盯着相框里那个年轻女人优雅秀丽的轮廓，陷入了惆怅。也许，获悉了来自遥远的东方那个令人心碎的噩耗之后，莉莲才终于放弃了与恋人重逢的梦幻，选择了做一个母亲，像一切普通女性一样，循规蹈矩，了此残生？

比尔是一九四二年三月在多伦多城北出生的。童年的记忆，大约始于四岁那年。那座红砖小平房是当木匠的外祖父在二战期间修造的。精雕细刻的门窗，布局合理的室内设计，显示了外祖父高超的手艺。比尔的父母搬入后，房子后面朝南的那间阳光温室，被改造成了他们的卧房。

四十年代的多伦多，很少有人拥有汽车。全靠商店送货上门。清晨起身，比尔会牵着母亲温暖的掌心，到门前迎接一辆辆络绎不绝的马车，选购蔬菜、牛奶、面包、果酱。那些平凡的岁月，给比尔的童年留下了美好而温馨的记忆。

不久前，比尔故地重游，发现那座红砖平房已经消失，代之以一座造价低廉的高层公寓楼。“如今的多伦多，已经成了动物园的笼子啦”，他不无讥刺地哼了一声。

谈起父亲的家世，老人难掩自豪之感。

祖父乔治·塞西尔·史密斯本是大英帝国的臣民，一八九〇年受英国教会派遣，不远万里，来到中国传教，一直住在贵州，担任圣公会教堂的大主教。

“中国人都称呼他为季先生，这是根据祖父的名字乔治的谐音而来的。”比尔眼中闪动着快活的光芒。

从比尔珍藏的摄于一九一〇年的一张旧照上，可见其祖父身穿中式长袍、蓄花白长髯，与一群头戴瓜皮帽、脑后留长辫的中国教徒的合影。比尔的祖母，虽为高鼻深目的西洋人，也身穿大襟衫裙，皂鞋白袜，与身旁的村妇们一般无二。

“祖母是澳大利亚人。年轻时到中国传教，在那里与我的祖父相遇、结婚。”比尔与祖父母从未谋面。他们在抗日战争中殁于贵阳，永远地留在了遥远的东方。

祖母给比尔留下的印迹，是他周岁生日时收到的一份礼物。那是一只绒布缝制的玩具小熊，漂洋过海，邮寄到多伦多的家中。

比尔拿给我一张英文剪报。那是一九二九年十二月出版的，上面记载着一则年月不详的历险记。

年迈的祖父曾离开贵阳，途经遵义，到黔东的深山老林里传播福音。途中，他遭到“土匪”队伍的绑架，受尽酷刑折磨和敲诈勒索，但最终却死里逃生。

“估计那是红军干的吧。”比尔耸耸肩膀，咧嘴一笑。“反正那个时候，红军也是被称作土匪的。”

“不可能吧！”我摇头。一九二九年，长征还没开始，贵州怎么会有红军的踪迹?

不过，文章中提到了土匪绑架老头的理由，因为他被看作“帝国主义分子”，所以没有像其他被绑的肉票一样立即遭到杀害，而是逼迫他拿出二十万块银元来赎命。这等超越草莽的“政治觉悟”，又令人疑窦丛生。

比尔的祖父遭受绑架和酷刑折磨的日子里，比尔的父亲爱德华正在加拿大积极献身于共产主义运动。

爱德华于一九〇一年在贵阳出生，从小就跟随家中仆人学会了一口当地土话。北伐战争前后，二十岁出头的爱德华移民来到加拿大，居住在蒙特利尔，担任劳工期刊的记者兼编辑，成为声名显赫的左翼知识分子。

“你父亲是加拿大共产党的创始人之一吗？”我问。

“他不算，”比尔摇摇头，“加拿大共产党早在一九一九年就在安大略省圭尔夫市的一间小酒吧里宣告成立了。创始人，就是白求恩遗嘱里提到的蒂姆 · 布克。”

二十世纪二三十年代，比尔的父母在多伦多建立共产党分部，组织工人运动，为底层人民争取权利。

“我父亲把自己界定为作家和战士。他与人合著的剧本《八个男人要讲话》，是加拿大当时唯一的禁书。我母亲则由于组织工人们演出莎士比亚的戏剧，有借古讽今之嫌，也成了受当局迫害的对象。”

网上查阅，发现了该剧的背景资料。《八个男人要讲话》是一九三三年创作的加拿大话剧。虽然该剧仅仅上演过一次，但是，当局对其进行镇压的企图却煽起了一场令加拿大政府颇为尴尬的政治运动。

该剧阐述了加拿大共产党创始人蒂姆 · 布克的故事。时任共产党总书记的布克因“提倡暴力推翻政府”之罪名而被捕下狱。剧本详述了在狱中的一场暴乱中企图暗杀布克的阴谋。虽然布克并未参与那场暴乱，无数长着眼睛的子弹却准确地射入了关押着他的那间牢房。

该剧于一九三三年十二月四日在多伦多的一家剧院上演后，立即引起了政府的强烈反应。警方勒令该剧停演，并威胁如果继续上演，则将吊销该剧院的营业执照。不过，由于该剧所引起的一系列社会反响，布克和他的同志们最终获得释放。

“这个剧本早已绝版了。但是，渥太华大学出版社在去年发行了新的版本。”比尔面露欣慰。

老人告诉我，加拿大共产党成立初期，属于地下组织。虽然到了二十世纪三十年代，已经大致属于合法团体了，但根据刑事法的第九十八条，共产党仍然常常遭到警方的骚扰。

当局决定，应当粉碎这个组织，以消除隐患，于是下令对共产党总部进行了突然袭击。他们认为，如果把主要领导人关进监牢，共产党就会自然而然地分崩离析。

当时逮捕了十个人。其中一个年仅十七岁的少年，很快就被释放了。另外一个，被遣送回到他远在欧洲的故乡。余下的八个人，包括领导者蒂姆 · 布克，皆被关入位于金斯敦市的监狱里。这个剧本描写的，便是对这八个人的审判与囚禁过程。

一九三六年，西班牙内战爆发后，爱德华率领加拿大志愿者组成的“红军”，前往西班牙。

“没错，他们就是叫红军！”对我的疑问，比尔给予了肯定的回答。接着，他给我看了几张摄于西班牙战场的照片。其中一张，可见爱德华负伤后躺在担架上，身旁还有其他伤兵，个个都是稚气未脱的年轻人。

从另一张照片上，我看到身穿大衣的白求恩蹲在水沟旁，伸出双手，正在小心翼翼地往水里放置什么东西。比尔解释说，白求恩在西班牙战场上发明了输血技术之后，因为没有冰箱，所以只能把采集到的鲜血储存到酒瓶里，然后泡在河沟的冷水中保鲜。

白求恩在加拿大的故居

白求恩是在蒙特利尔的医院里担任胸外科医生期间与爱德华结识的。三十年代的蒙特利尔，与巴黎和纽约相仿，堪称罪恶的天堂，吸毒酗酒、赌博卖淫，黑帮横行，警匪勾结。

白求恩并非天生的圣徒。他是蒙特利尔那所大医院里薪酬最高的医生，收入丰厚。他曾沉浸于纸醉金迷的花花世界里，享受浮华奢靡、放荡不羁的生活。他出手阔绰，有求必应，置买最好的服装、高档的美酒，拥有无数的书籍，出入艺术家的圈子，高谈阔论，纵酒宴饮。直到资本主义世界的大萧条令千百万人失业，堕入贫穷的深渊，他接触到社会的底层，看到无钱医病的穷人只能等死的悲惨状况时，才了解到这个世界的阴暗面，从而转变为共产党人。

当爱德华率领加拿大红军纵队奔赴西班牙浴血奋战时，白求恩自告奋勇，放弃了大医院中优厚的待遇，担任了志愿者队伍中的医疗队长。

前往西班牙的一千七百名加拿大人中，九百人牺牲在战场上。这些刚刚二十岁出头的年轻人，为着某种纯洁的理念，无私地奉献出他们宝贵的生命。

内战以法西斯的胜利、共和军的惨败而告终后，白求恩十分沮丧。他原本计划返回加拿大，继续行医。此时，爱德华的妻子莉莲却告诉他，你应当去中国，因为那里的抗日战场更加需要你。

正是因为这个心爱的女人的建议，白求恩才一改初衷，转而奔

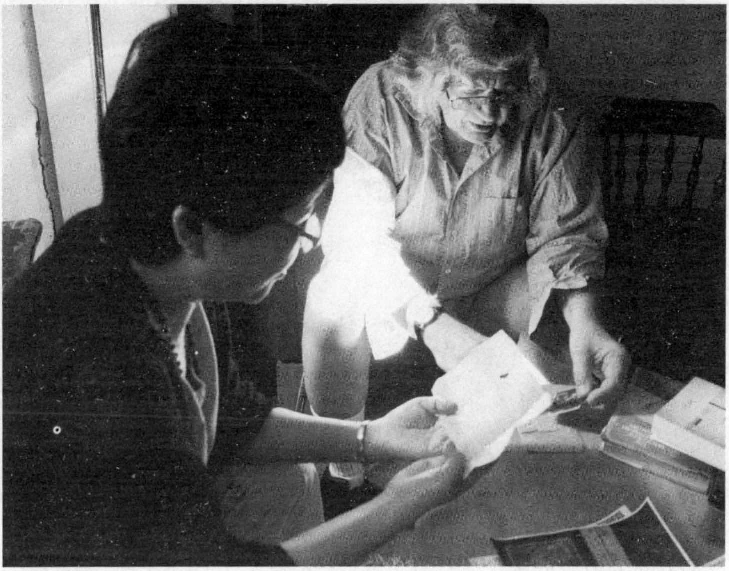

作者李彦采访比尔（右）。

赴神州大地，从香港一路北上，为中国人民的解放事业，流尽了最后一滴血。

“白求恩在他的遗嘱中，特意提到过，要把那面八路军缴获的日本大旗，留给我的母亲，作为纪念。”比尔说。

“你所读过的那本五十年代出版的白求恩传记，是他的战友们合写的。我母亲也是校对人之一。但她却没有在书中留下自己的名字。那个年月里，白色恐怖盛行，人人自危。我的父母长期生活在警察的监视下，曾数度遭到软禁。”

爱德华病逝之后，莉莲独自一人居住在多伦多城北那座红砖小屋里，又度过了深居简出、默默无闻的十年，一九七七年离开了人世。

比尔说，安葬了母亲之后，他在整理遗物时，打开了母亲床头柜上的一只黑红两色、雕刻精美的漆盒。古老的漆盒，毫无疑问，来自爱德华出生成长的东方古国。里面存放着的唯一的物品，便是这封来自太行山的信函与照片。

明月不谙离恨苦，斜光到晓穿朱户。

欲寄彩笺兼尺素，山长水阔知何处？

我盯着茶几上这张曾被无数次地展开、叠上、又展开、又叠上、几近揉碎的信纸，悄悄地对自己说，在那寂寞无声的漫长岁月里，这个女人的内心世界，一定无比丰富、无比充实。

莉莲的父亲是个手艺高超的木匠。一百多年前，当英国贵族开始在多伦多修建规模宏大的卡萨 · 洛玛城堡时，莉莲的父亲从英国家乡应聘前来工作。六岁的小女孩随同父母一起移民，来到了加拿大。

也许，工人家庭出身的莉莲，比起白求恩那位出身英国伦敦的上流社会、惯于养尊处优的妻子，更容易在思想上产生共鸣？岂知真正的贵族精神，恰恰体现在那些忧天下之忧、关心底层百姓命运的人们身上。

“我母亲高中毕业后，在不同机构里担任过秘书。她是一个温柔善良、宽厚正直的职业女性。她的家风如此，人人都互敬互爱。

我从小就在和睦的环境中长大。”

比尔仅仅知道，他的父母是在基督教会里相识的，却说不清楚，他们究竟在何时结的婚，因为没有任何相关史料保留下来。

也许，爱德华和莉莲根本就没有走过那道世俗的程序吧，我悄悄揣测。骨子里清高的革命者，恐怕根本不屑于那些表演给世人看的繁文缛节。

“你母亲是什么时候认识白求恩的呢？”

“我估计，大约是在三十年代初期吧。”比尔边思索，边回答，“母亲去世那年，我已经三十五岁了，却从来没有想到过问问她，究竟是哪一边的肺叶被摘除掉了。唉，我实在是太粗心了！”

随着莉莲带往另一个世界的，也许，还有那一封封寄自太行山、如今下落不明的信件吧。多么遗憾，后世的人们，将永远无法寻找到那个被尘封的历史角落，揭开那也许是美丽、也许是忧伤的谜底了。

谈兴正浓，夜幕已低垂。我邀请比尔与我们一起共进晚餐，征询他喜欢什么口味。老人说，他从小就受到家庭影响，所以喜爱中餐，还特别爱吃贵州风味的辛辣菜肴。我和爱人商量，一定要好好款待他一顿最地道的中餐，便打听伦敦市哪家中餐馆最有名。

比尔面露尴尬，连连摆手：“上大饭馆很贵，街头就有一家比较便宜的中式快餐店，随便填饱肚子就行了。我去过那家，一份米饭，配上炸鸡翅膀，炒青菜，满满一大盘，连税才要七加元多一点儿。”

在我们一再坚持下，比尔才犹犹豫豫地说："听朋友们提到过，文华餐馆的自助餐名声很响。不过，那里很贵。还是算了吧。"

我们二话不说，搀扶他起身，出门，登车，在他的指引下，一路开到了小城中心的文华餐馆。果然生意兴隆，大堂里宾客如云，熙熙攘攘，都是前来品尝中华美味的洋人。每人收二十二加元，冷热荤素，水果甜点，林林总总，约近百种。

比尔拄着拐杖，挤在人堆里，站在热气腾腾的餐台前，左顾右盼，终于挑选了炸猪排、红烧牛腩、烤土豆这三样。我帮他把盘子端到桌子上。他捏起刀叉，不紧不慢，斯斯文文地吃完了一盘。

我督促他再取一盘，调侃说："在我们面前，你不用顾忌英国绅士的风度。咱们一样，都属于劳工阶层。"

老人竟像做错了事情的孩子一样，羞涩地笑了。返回餐台又取了一盘，吃完之后，无论我怎样鼓动，他却再也不肯多拿了。

步出餐馆时，比尔回眸一顾，幽幽地说，这是他第一次踏足这家大名鼎鼎的餐馆，的确名不虚传。然而，饭菜虽然丰盛可口，他对餐厅墙上装饰的那几幅日本歌舞伎的水彩画，却实在不喜欢。

我脑中飘过一面沾满硝烟的日军大旗，在寒风中猎猎抖动。留给莉莲。

几周之后，我给比尔发去了一封邮件，告诉他，北京的白求恩精神研究会准备派遣一个代表团来加拿大，参观考察之余，也想专门拜访一下白求恩战友的后人，亲睹他所收藏的珍贵文物。

很快就收到了比尔的回复。他说，腿部的伤痛减轻些了，他可以亲自开车，到滑铁卢来看望我，好好商谈一下。

比尔来的那天，我特意嘱咐办公室的秘书，等老人的车开进学校的停车场时，千万不要收费，一定要按动控制键放行。

日近正午，比尔高大的身影出现在走廊里，仍然一瘸一拐的，拄着手杖，肩头挎了一只破旧不堪、铅灰色的帆布包。

二十年前，在小城的跳蚤市场里，这个帆布挎包跃入了比尔的眼帘。那是两次世界大战中，加拿大士兵在战场上的军用物品。他从父亲爱德华留下的旧照里，见过他曾背着这样的帆布包，奔赴西班牙战场。“多少钱？”“仅此一个，你随便给吧！”

“我只花了十块钱。从此后一直背在身上。”比尔坐在学校餐厅靠窗的椅子上，注视着花园里那棵枫树上几片残存的红叶，若有所思地说，“父亲1958年中风瘫痪，几年后就告别了母亲和我。”

他坚定地谢绝了我的好意，不让我为他购买午餐。“我不愿意让你再次款待我。我不饿，真的，不需要吃饭。人必须平等，才能相处，决不能靠人施舍。”说着，他从口袋里摸出来几枚硬币，说是买杯咖啡喝就够了。

我不再推让，替他去食堂购买了一杯咖啡，放到他面前的桌子上。

“我的梦想，就是每月能有五百加元的收入，直到我离开这个世界。现在，我却连这个数目都快得不到了。退休金少得可怜，根本不够用，我那座房子里面，我自己住一间，另外两间卧室，都出租给房客了，这样，每月可以收点租金，贴补日子。但是，那座百年老屋实在是太旧了，门窗、地板、水管，都需要修理更换，可我却拿不出这笔钱来。实在没法子了，我不得不拿出来保存了四十多年的父母的遗物。”

想起那座老屋坍塌的台阶、破败的门窗、歪斜的家具、油漆剥落的地板、房客堆积在门口的破瓶烂罐，我的心头蒙上了一层灰蒙蒙的阴霾。

“穷困的根源，因为我是共产党。”比尔的声音依旧低沉，蓝色的眸子里却涌起深海中的波澜。

“如果你想提倡白求恩所代表的精神，你这辈子就彻底完了！找不到工作，没有任何收入，人们都像躲瘟疫一样地躲避你，不和你交往。大家都害怕警察。他们严密监视着，看谁是共产党。过去几十年，我的父母和我本人，都受够了！在这种高压下，我们全家人只好三缄其口，低调做人，否则将难以维生。”

提到前妻时，比尔的口气是冷静、温存的。她在政府部门里有一份不错的白领工作。两人生了一个女儿。可是，十五年前，妻子终于忍受不了他毫无希望的穷困，带着年仅九岁的女儿，离开了这个家。妻子走时，按照法律，拿走了一半财产。从此，他更加落入了一贫如洗的境地。

“她是个善良的女人。离开我，是正确的决定。”比尔眼中涌起复杂的波光。“其实，三十年前，我就退出了政治舞台，不再召集群众示威游行，也不再参与签名请愿等活动了，因为我实在难以承受找不到工作、无法糊口的痛苦！”

比尔年轻时，曾在专科学校里担任教师，讲授过电力学课程。失业后他四处碰壁，因为无人敢于雇用他。他也曾白手起家，尝试过创办公司，经营建筑业、制作太阳能设备等等。然而，也许是遗传自血液里的基因吧，他发现自己根本当不了靠剥削压榨他人血汗而发财的资本家。公司开办了没几年，就因赔钱而倒闭了。

“你的妻子，按我的标准，不能算是真正意义上的好女人。”我试图安慰老人。

“呵呵，”他垂下眼皮，牵动唇角，苦笑了一下，“她嘛，毕竟是女人，我不怨她。真的。”

“经历了这么多。如今，你还是共产党员吗？”

“当然！”老人挺了挺胸脯，目光笃定，重拾自信，“我在伦敦成立了一个共产主义小组，一共八个人，全是男的。男人之间，更容易沟通。你懂得吧？”

我点头，脑中浮现出三十年代遭到禁演的那个剧本《八个男人要讲话》。

“我们现在不搞群众运动了，只是每月两次，在星期日的上午，聚到我家里，一起讨论读书心得体会。所以，与其说是党小组，我们更像是个读书会。”

“这八个人，都是什么背景？”我好奇地打探。

“有大学教师，也有电脑程序员，其中六人都是单身汉。他们都还年轻，就我一个老家伙！”比尔又笑了。

“你们读的都是哪类书呢？”

“当然是关于马克思主义的理论了，例如美国纽约的大学教授大卫 · 哈维的专著。”

在六十年代上大学期间，比尔就开始和一些人同读马列经典了。他们从国外进口的读物中，除了马克思、恩格斯、列宁、斯大林、毛泽东的著作，还有《北京周报》《中国建设》《中国画报》等期刊。

“我至今还保存着毛泽东逝世的那期《北京周报》，都在我的地下室里放着呢。”

“你呀，的确是爱德华的儿子，这点没搞错。”我笑着说。

老人露齿大笑，再次忘记了英国人的骄傲。

看到他终于轻松了，我转了话题：“谈正事吧，请如实告诉我，您的期盼是多少？我将尽我的全力，帮助你达成心愿。如果我个人能够承担得起，我将十分乐意购买这张照片和这封信，再把它们转交给中国的适当机构，让这些历史文物寻找到最恰当的归宿。”

老人听罢，却收敛了颊上的笑容，停了片刻，他叹了口气，摇摇头。

“彦，我看得出来，你，是买不起的。我在这个世界上，大概还能活十年。我需要六万加元。当然，这不仅仅是那张照片和那封信了，我家里还有很多东西，有我父亲和白求恩在西班牙战场上的照片，还有父亲带回家的几把西班牙战刀、祖父母从中国遗留下来的清朝的绣花长袍，等等，我希望一并出手，换来今后十年的生活保障。”

接着，比尔透露出更多的内情。原来，还有其他人在翘首企盼，等待分享这批遗物可能带来的丰硕成果呢。

首先把毛泽东照片的消息透露给白求恩精神研究会的那位华人，是来自广东的中年移民，他曾经是比尔的房客。

“人很不错，”比尔肯定地说，“但他有中国人的通病，热衷于赌博。原来，他在伦敦市里开过一家小吃店，专卖炸鱼和土豆条这种西式快餐。结果，赌博使他把老本都输光了，只好卖掉小吃店，靠开着大卡车运货为生。现在，他成年累月往来奔波于美加之间的高速公路上。老婆孩子返回广东居住后，他把房子也卖了，在伦敦连个窝也没有，只好把全部家当都存放在我的地下室里，我替他保管。”

“他保证说，要帮我在中国找到一个买主，但先决条件是，成交后，他必须提成百分之十，我答应了。当然不能让人家白费精力啊！你说是不是？”

和老人告别前，我与他相约，等到白求恩精神研究会的代表团来加拿大考察时，我一定设法安排双方会面，探讨购买他手中文物的可行性。

比尔一再叮咛，希望我陪伴他一同会面。“你了解两边的文化，知道哪些话该如何表达才最恰当，不失礼貌。”

两周后的一个清晨，在多伦多城北喜来登酒店富丽堂皇的大厅里，白求恩精神研究会一行四人，在我的引荐下，与比尔·史密斯正式会面。

头天晚上，比尔驱车三四个小时，从伦敦赶赴多伦多，深夜时抵达，就在酒店大厦后面一条狭窄的小巷里，悄悄找了个免费停车的地方，蜷缩在车中，度过了一夜。

“很舒适，还省钱。”比尔指着铺在车中的毯子说。“我昨天特意去理了个发。你觉得怎么样？”他晃晃在风中飘拂的白发，笑着问我。

北国初秋，寒霜已降，车窗上凝结着昨夜的露珠。若是再冷些，飘起雪花来，老人该如何打发这个夜晚呢？

少将和大校们从电梯中款款而出，在大堂里与比尔热情地握手言欢。镁光灯闪闪，照亮了老人略显局促的面容。大家就座后，比尔凑到吧台前，买了杯咖啡，捧在掌中慢慢吸吮，温暖着冰凉的手心。

面谈的细节，就不赘述了。代表团返回北京后不久，我收到了他们的来函。

李彦老师您好！

这次和比尔会见，心情很复杂，为他的境况所担忧，为我们无法更好地帮助他而遗憾，也为此次准备仓促、没有充分表示我们的心意而惋惜。我们将继续努力，为最终获得文物并发挥其作用、为给比尔一定的补偿和物质安慰尽其所能。

比尔的生活的确需要照顾，可是他不该用商品买卖来定位这件事，那样一来，他的终生信仰和为此的付出就大大贬值了。我们也并非买卖人。我们可以找人赞助，但不能接受这样的交易方式。

所以，这件事情只能暂告一小段落。今后我们将想办法，对此负责到底。也想听听您的意见。期待中。

当然，我能充分理解他们的考虑。但这样的消息，我踌躇再三，终是不忍告诉老人。

电脑前摆放着老人上次来时送给我的礼物：两枚纽扣大小的铝质红色徽章。一枚上印着“红色意味着正确”，一枚上印着“挑战权威”。那是老人在70年代搞工人运动时遗留的纪念品，油漆已经剥落了。

灵机一动，我写信告诉比尔：“请你耐心等待，给我一些时日，让我把这个故事写出来，在中国发表后，看看在我们先富起来的那批国民中，是否有人肯出资购买这批意义非凡的历史文物，帮你排忧解难。”

第二天，我给蒙特利尔的朋友米雪打去电话，想探讨一下，奥宾基金会国际主义中心的朋友们是否有什么好的建议。我早就了解，那个组织的几个核心人物，和我一样，都是清贫的知识分子，所以并没有指望他们能够在经济上援助比尔。可是，他们是否能够筹措经费，安排老人加入“沿着白求恩足迹之旅”的加拿大团队，到中国活动一趟，增加募捐的机会呢?

没想到，米雪颇为懊恼地抱怨说，自从去年他们向社会上发出了“沿着白求恩足迹之旅”的倡议书之后，今年以来，忽然像雨后蘑菇一样，从加拿大各地冒出了好几个以“白求恩”命名的协会团体，基本上都是加拿大华人新移民刚刚注册成立的，且他们的活动内容，竟然与奥宾的创意如出一辙！眼下，人家这些山头已经各自为战，捷足先登，奔赴中国了。

先是惊讶，但细细一想，此种现象并非新鲜事。自由社会里，注册个团体和机构，易如反掌。张三怨恨李四了，或是刑满释放后找不到饭碗了，花上几十元钱，转脸便可注册一个冠为“国际”“世界”“环球”的协会、中心，或者是“学院”，顶着会长、主席、总编、董事长的头衔回国，招摇过市，被奉为上宾。海外华人团体内，此种社团组织，多如牛毛。只是不晓得奥宾的负责人、麦吉尔大学政治系教授艾奇思 · 费尔怎么想，他是如何应对这种复杂局面的呢？

米雪说，艾奇思对此倒是颇为达观。他说，我们所要弘扬的白求恩的国际主义精神，不正是为了唤起更多的人们联合起来，为了共同的理想目标，携手奋斗吗？

这种看问题的角度，我并不奇怪。奥宾基金会原来的办公地点，长期坐落在麦吉尔大学历史悠久、宽敞明亮的图书馆内，既方便，又体面。可是，两年前，他们决定搬出象牙塔，另外选择新的会址。新址位于蒙特利尔市工业区一座陈旧、简陋的大楼内，在第七层，原来为工厂的库房。有趣的是，这个地方的租金，竟然比原来的大学图书馆里的旧址，还略微贵出来一些。当我表示不解时，艾奇思解释说，奥宾国际中心委员会的人们认为，新的地点位于老工业区，更接近普通老百姓，因此也更符合白求恩精神的理念。

放下电话后，我把米雪的沮丧告诉了爱人，自己也陷入了无法言说的失落中。

“对你花费那么多精力搞的这类活动，我本来就不大赞成。”爱人安慰我说。“可我太了解你了。如今对你的态度，只能像马克思对待巴黎公社的态度一样，虽然并不赞成，但既然已经搞起来了，也就只能支持下去。”

我忍不住笑了。一个学地球物理专业的人，能说出这等话来，妇复何求?

“别难受，我给你开车，咱们自己沿着白求恩的足迹走一趟吧！”爱人提议。

周末，我们俩驱车数百公里，再次来到安大略省北部的林区小镇格雷文赫斯特，朝拜英雄的故乡。

这里的一切都那么简朴整洁，寂静安宁。高大的枫树落光了树叶，阶前的红花也已凋谢。岁月悠悠，白求恩故居的外墙曾被油漆过不同的颜色，米黄色，淡粉色，新近又漆成了果绿色，恰像英雄在历史长河中被不同的人们赋予各异的解说。唯有不变的老枫树，沐浴着深秋温暖的阳光，年复一年，默默地迎接着远方来客。

我的目光凝视着襁褓中的诺尔曼睡过的小摇篮，盯着他在父母怀抱中乘坐过的敞篷马车，掠过他曾经戏水的墨丝克佳湖，追溯他捕捉过蝴蝶的小山坡。

管理员女士告诉我，自从故居博物馆在二十世纪七十年代建成以来，百分之九十五的参观者都来自中国，那个他奉献出生命的地方。还有百分之五呢？他们来自西班牙，那里也曾经是他浴血奋斗的战场。

据说，小镇居民对待我行我素、桀骜不驯的诺尔曼，远不及对他的父母那样尊敬怀念。那是一对德高望重的夫妇。诺尔曼的父亲出身于医学世家，他却宁可放弃都市的繁华热闹与高薪待遇，选择了到这偏远荒凉的林区小镇担任基督教牧师，为身处底层的伐木工人提供精神关怀。

深秋的蓝天清冽空旷，几只白色的水鸟环绕着小镇教堂的钟楼悠闲地飞翔。凝视着落日余晖映照下的铜雕塑像，我为一个最值得爱戴的男性，默默地点燃了一炷心香。

参考资料

① Ted Allen & Sydney Gordon, the Scalpel, the Sword, the Story of Doctor Norman Bethune, Revised Edition, McClellan and Stewart, 1971.（《手术刀是利剑：诺尔曼·白求恩医生的故事》修订版，1971 年，麦克利兰·史蒂沃特出版社，泰德·艾伦、希德尼·戈登著）

② James Reaney, Local Bethune Items China-bound? The London Free Press, May 3, 2012（《本地的白求恩文物将送往中国吗？》，载《伦敦自由报》2012 年 5 月 3 日，詹姆斯·瑞内著）

③《白研会通讯》第 9 期，2013 年 6 月 9 日。

④ Wikipedia, the free encyclopedia: http://en.wikipedia.org/wiki/Eight Men Speak（维基百科资料：八个男人要讲话）

（发表于二〇一五年三月《人民文学》杂志）

小红鱼儿你在哪儿住

——甲骨文与明义士家族

（一）

有个女孩说，她暗恋一个男生许久了，却不敢向他表白，生怕被拒绝时的尴尬，该当如何？

我告诉她，无须犹豫，直截了当向对方表白便可。即或难堪，也仅为一时之虞，却免除了日后无穷尽的懊悔。

与甲骨文专家明义士（James Menzies）后人的往来交流，便是令我追悔莫及的一桩憾事。

一九八八年夏季，我到加拿大求学的第二年，曾参加在温莎大学校园内举行的加拿大皇家学术研讨会。在闭幕式的招待晚宴上，我被安排在一位年约七旬、鹤发童颜的白人老者身旁就座。我不知他姓甚名谁、身份地位，仅礼貌地点头致意。然而，当桌上摆出一大盘热气腾腾的什锦炒饭时，老者却突然用中文轻轻对我说道：“米不好，吃不饱，面食才能吃得饱。”

不禁愕然。老者那一口惟妙惟肖的河南乡音，几可乱真。那句幽默的调侃，更是画龙点睛、入木三分地展示出：老者谙熟中原文化。“文革”期间，我曾随父母下放到河南许昌农村的“五七干校”，因此知晓当地人民在饮食上的偏好。

我就是在这样一幅鲜明如画的场景下结识了明明德（Arthur Menzies）大使的。明明德大使告诉我，他出生于中国河南省北部的彰德（现名安阳），在那里度过了童年和少年时代，并于一九七六年至一九八〇年担任加拿大驻中国大使，驻北京四年。退休之后，他在加拿大首都渥太华的家中安享晚年。

说来蹊跷，那次巧遇之后，未出半月，我在《人民日报》海外版上偶然读到了一篇文章，介绍甲骨文出土前后的历史。文中简短提到的加拿大人“明义士”在“河南安阳”等信息，攫住了我的目光。都是加拿大人，都在安阳，还都姓“明”，是否亲属呢？好奇之下，我给明明德大使写信探询。回信很快到来，肯定了我的揣测。果然，明义士正是加拿大前任驻华大使明明德的父亲。

考古学家明义士和他的儿子明明德大使与中国之间的关系，引发了我极大的兴趣。然而，有关这段历史的中文资料十分稀缺，且由于各种原因，某些仅有的资料也不免存在着先入为主的偏见与误解。于是，根据我与明明德大使的通信，我撰写了一篇随笔《中加关系史上父子两代人》，发表于一九八八年九月十七日的《人民日报》海外版上。文章简要介绍了明义士在甲骨文和考古学方面的贡献。这仅仅是一个开端。那时我就隐隐地感觉到，脚下踏着的，是一座有待开采的极为丰富的矿藏。

一九九五年，我的第一部英文小说发表之后，曾两次应邀去渥太华，在学术会议上演讲。每次会议之余，我都顺便到明明德大使家停留一天，在市郊那座依山傍水、花木扶疏的住宅内与老人家日夜倾谈，记录了许多弥足珍贵的口述资料。此后几年，我又数次与明明德大使书信往还，讨论一些问题，并萌发出日后撰写一部这个领域题材作品的愿望。岂料世事沧桑，筚路蓝缕，接下来，繁忙的生活与工作使我无暇顾及跟踪采访，导致这一心愿被搁置经年。

时隔十余载，二〇一〇年早春时节，我与同事们策划在滑铁卢大学孔子学院召开“沿着丝绸之路：中国文化国际研讨会”。会议邀请了来自加拿大、中国、美国不同领域的学者，探讨中国历史、文学、宗教、社会等相关问题。借此机会，我翻找出多年前积累的资料，以期介绍在中加两国关系史上留下了浓墨重彩的这个奇特的家族。然而，星移斗转，时过境迁，当年的创作激情，早已荡然无存，最终只能把它整理成了一篇平铺直叙的英文报告《中国历史上的明义士家族》。好在聊胜于无，也算了却了一桩夙愿。

因为有些史料搞不清楚，需要与明明德大使核实，于是，我给他家中打去了一个电话。拨电话前，我曾担忧，间隔了十多年未曾联络，老人家是否还健在呢？即便人还在，他是否还能记得起我这个小人物呢？

真没想到，已经九十三岁高龄的老人，记忆力竟如此清晰！他不但立刻记起了我，还愉快地表示，愿意来滑铁卢，参加我们计划在当年五月份召开的“中国文化国际研讨会”。

他说，多少年了，他一直没有忘记他出生成长的那片土地。如果健康允许的话，甚至还想重返中国，看看今天的豫北乡村呢！

我怀着欣喜的心情，顺利地整理完那篇文章的初稿后，立刻传给了明大使，请他提出反馈意见。可是，接连数天，都未收到他的任何音讯。正当我感到蹊跷之时，却收到了来自他儿子的一封邮件，获悉了明明德大使因心肌梗塞在三月四日突然离世的噩耗。

接连数天，我都心存内疚，沉浸在懊悔之中。不知是否因为我的文章勾起了老人家对童年往事的回忆，造成了他情绪激动，撒手人寰？

明大使的儿子肯尼，是与滑铁卢相邻的贵湖大学的社会学与人类学系教授。他对我表达了诚挚的愿望：希望我的文章将来发表后，能够赠送给他几份，在亲友间分享，作为对他父母在天之灵的最佳祭奠。

二〇一四年十二月初，我回国参加第九届孔子学院全球大会。因地点在厦门，顺便应邀与厦门大学师生进行学术交流，并结识了该校著名学者林丹娅和李无未等教授。在他们的鼓励下，我决定根据这些年来积累的资料，用中文整理撰写成一篇报告，介绍这个与中国历史有着千丝万缕联系的加拿大家庭的故事，为促进中外交流略尽绵薄之力。

（二）

明义士的英文原名是 James Menzies，一八八五年出生在安大略省南部小镇柯灵顿一个富有的商贾之家。从多伦多大学土木工程系毕业之后，受当时潮流的影响，他萌发出做一名传教士的心愿，于是又进入了神学院就读。此时，他遇到了一个叫安妮的年轻姑娘。

根据明义士的长女玛丽恩的回忆录所记叙，安妮在一九一〇年启程远赴中国时，神学院的所有学生都来到多伦多火车站为她送行。“学生们把她举在自己的肩膀上，而我的父亲却因拥挤的人群而不能靠近她。所以他买了一张到下一站的车票，同她一起上了火车。在车上，他在无数次地求婚之后又一次向她求婚，并送给她一枚钻石的订婚戒指。这一次，她接受了他的求婚。”①

接下来的六个月里，从遥远的东方古国传来的一封封描述异国他乡风情的信函不停地叩击着明义士的心房，终于引领他从蒙特利尔登船，踏上了这次神秘之旅，并在抵达河南开封之后，如愿以偿地与心爱的姑娘举行了婚礼。

据明明德大使说，他的父母像很多加拿大年轻人一样，是抱着“改造不信神的异教徒”这种单纯目的扬帆渡海，前往华夏大地的。其实，他们完全不了解这块土地所承载的文化底蕴。

为了有效地向中国人传播“福音”，在河南刚一落脚，明义士便积极地拜当地一位乡间老秀才为师，钻研这种极难消化的象形文字，并欣然接受了老秀才为他所起的中文名字：明义士。这位清末秀才熟读经史，学富五车，根本听不进去他的洋弟子想要传播的“福音”，反而循循善诱，由浅入深，向他灌输自己渊博的学识。明义士被华夏文化的博大精深所震撼，很快便意识到，西方人需要向中国人学习的东西，堪称浩瀚如海。

在跟随老秀才学习了三年中文之后，已经对中国古代历史和古典文学奠定了扎实基础的明义士，受教会总部派遣，来到了豫北的古城彰德，在那片贫瘠的土地上开始了耕耘。

作为来自加拿大的首位工程师出身的传教士，明义士每年仅能从教会得到一笔六百加元的生活补贴费，借此养家糊口。倘若他留在加拿大做一名工程师，他的薪资可以达到这个数目的五倍之多。然而，失之桑榆，收之东隅。明义士在中国收藏的文物，以及他对中国考古学界的杰出贡献，却是一笔意想不到的巨大财富，并使他青史留名。

一九一四年春天，一个阳光明媚的早晨，年轻的明义士骑着一匹白马在洹河畔踏青。道旁的棉花田里，有三三两两翻土耕种的农夫。当人们挖掘出一些古陶碎片时，明义士欣然下马，兴趣盎然地凑近来观看。此时，几个衣不蔽体的儿童正在路旁采摘初发的柳树嫩叶。一个男孩向明义士探问道，他是否想看看上面刻着字的“龙骨”。

龙骨？明义士受好奇心驱使，随孩子们来到了一条隐蔽的沟壑中，在一面几乎变成了白色的斜坡前，他看到了镶嵌在土层中的密密麻麻的骨头碎片和粉屑。当他的目光落到镌刻在一些骨头上的奇怪的象形文字时，从前清老秀才那里学来的知识，便派上了用场。接下来，明义士孤独一人进行了孜孜不倦的探索，并恍然大悟，原来他脚下踩着的这片远离通商大埠的荒僻之地，竟是数千年前莺歌燕舞、极尽繁华的殷商都城旧址。

那个春天的奇遇，使这位年轻的基督教传教士在极其偶然的情形下，被引入了这一鲜为人知的领域。具有讽刺意味的是，一个被上帝派遣到这个与世隔绝的角落里的外国人，却成为第一个发现了甲骨文出土地点之人，并由此踏上了一条与宗教传播的初衷大相径庭的道路。此后数年，明义士充分发挥了自己新近获得的古文知识，投身于举世震惊的殷墟发掘，研究殷商青铜器文化，并逐步成长为一名自修成才的考古学家。

当时，“龙骨”被当作一味中药材使用，已有数百年之久。然而，药材商人对“龙骨”的刻意垄断，使得甲骨文的出土地点，在京城几位中国学者之间尚为悬而未决之疑。

根据史料记载，一八九九年夏天，清朝国子监祭酒王懿荣罹患疟疾，派人到宣武门外菜市口达仁堂买了一剂中药。王懿荣无意中看到，药渣中有一味叫“龙骨”的中药上面，刻划着一些奇怪的符号。对古代金石文字素有研究的王懿荣便仔细端详起来，觉得这不是一般的刻痕，很像古代文字。为了找到更多的龙骨作深入研究，他派人赶到药店，以每片二两银子的高价，把药店所有刻有符号的龙骨全部买下，后来又通过古董商人进行搜购，累计收集了一千多片。可叹仅仅时隔一年，被称为“甲骨文之父”的王懿荣在八国联军占领北京、清朝皇室匆匆西逃之际，万念俱灰，服毒投井，自杀殉国。此后，刘鹗、王国维、罗振玉等学者也先后投入了对甲骨文的研究。②

然而，无人料到，一个金发碧眼的加拿大青年，竟由于他对中国文化的钟情而触发了灵感，在极其偶然的因素下介入其中，且因近水楼台，得天独厚，成为首先发现甲骨文出土地点之学人。

后来，随着中国学者对殷墟挖掘的不断深入，人们终于发现了埋藏在地下数千年之久的这座青铜器时代的古城。面积二十四平方公里、人口达到十万之众，出土文物琳琅满目，不但有丝绸纺织机、青铜大鼎、精美玉器、豪华战车，也有帝王宫殿与皇家陵寝，其灿烂辉煌令举世震惊。

明义士位列最早的几位学者之一，能够辨识和解读这些镌刻在甲骨上的三千多年前的原始文字。他还是学会并掌握了如何鉴定甲骨年代知识的先驱学者。前前后后，通过从农民和小贩手中购买、

甲骨卜辞研究专家明义士

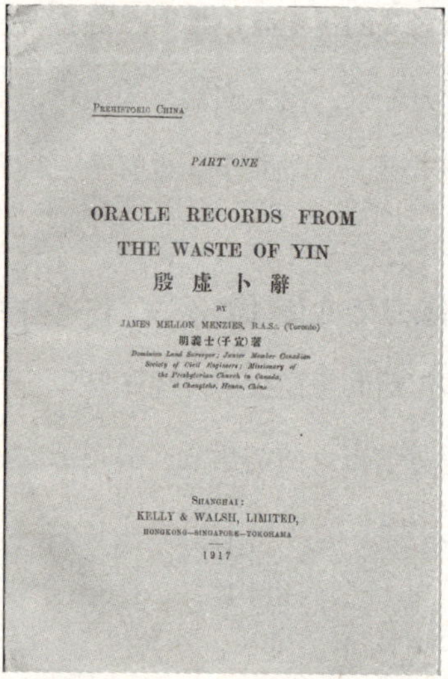

PREHISTORIC CHINA

PART ONE

ORACLE RECORDS FROM
THE WASTE OF YIN
殷虚卜辭

BY

JAMES MELLON MENZIES, B.A.Sc. (Toronto)
明義士(子宜)著

Dominion Land Surveyor; Junior Member Canadian Society of Civil Engineers; Missionary of the Presbyterian Church in Canada, at Changteh, Honan, China

SHANGHAI:
KELLY & WALSH, LIMITED,
HONGKONG—SINGAPORE—YOKOHAMA

1917

明义士所著《殷墟卜辞》书影。该书于 1917 年出版。

从新翻的耕地中寻觅、从古代遗址现场收集等不同方式，他一共收藏了三万五千片甲骨。

殷商时期的人们相信占卜，宫廷里的巫师们便是通过这种方式，向祖先和神明征询意见、制定决策的。在明义士收集到的甲骨卜辞中，可见到五花八门的问题，不但有关于发动战争和举办婚礼的、关于种植庄稼和狩猎收获的，甚至还有关于牙疼的记载。其中有一枚较大的甲骨上镌刻着这样一个问题：若拿姜氏家族中一个人来献祭是否足够？③

据说，在所搜集到的六千多个甲骨文符号中，目前人们仅能解读其中的两千多个符号，约占三分之一。试想，当更多的符号有朝一日被未来的人们破译出来之后，不知有多少被悠悠岁月所淹没的中华文明史会得以重新诠释？

当他的幼子明明德在豫北小城彰德诞生之后不久，明义士的第一部心血之作《殷墟卜辞》也于一九一七年在上海由凯利·华尔士出版社出版了。在这部书中，他运用了当初学习工程学时的制图训练，把他三年来所收集的甲骨一共绘制出 2369 幅图来，令人叹为观止。此后，他又在其中增加了几千幅珍贵的拓片。

“在我幼小的时候，曾数次跟随父亲去小屯。那个村庄是大量甲骨出土的地点。”明明德大使告诉我。“做交易的古董商人也常常到我家里来。因为他们知道，我父亲不但有兴趣，而且也有知识，懂得他们所带来的那些文物的价值。当然，他们也明白，父亲身为传教士，买不起那些各式各样、完好无损的青铜鼎，或者是比较大的甲骨。那些东西在北京和上海可以卖出很高的价钱。他们也了解，我父亲和其他洋人完全不同，他对做买卖赚钱这一套毫无兴趣，只想搞研究。但是，通过购买甲骨残片、碎裂的青铜和陶器片，然后像玩拼图游戏一样，摆过来摆过去，反复琢磨，尽量把碎片还原成本来的形状，他也能从这些上门推销的文物中获得不少有用的知识。父亲就是通过这些方式积累了他的研究资料的。”④

明义士之所以没有忽视甲骨残片，概因某些细小的碎片上也许会镌刻着极其重要的文字信息。他对每一件出土的藏品都会同时保留一块土壤标本，并做下详细记录，以备确定年代之用。

“父亲对中国考古研究的兴趣，大大超过了他所举办的基督教培训班。在那些培训班里，他只是教给人们一些非常简单的常识。”明大使说。

在第一次世界大战中，明义士曾被迫中断他的考古研究。那时，他受到教会派遣，担任中国劳工大队的上尉，带领着英军从华北招募的几万名劳工，远赴欧陆，为英军提供战地服务。停战之后，明义士才返回彰德，继续收集大量的甲骨残片、陶器、青铜器等，进行研究。

一九二七年春季，北伐战争在全国掀起了反帝高潮，外国人成为被攻击的目标。一些传教士遭到杀害，几处教堂被军阀部队捣毁。于是，加拿大教会决定暂时撤离豫北。明义士把他所搜集到的载有最长文字且最有意义的一批甲骨运往天津，加以妥善保管。令人痛惜的是，其余大量留在彰德的甲骨残片、陶器和青铜器碎片，以及数量众多的中国古籍，均被内战中占领了教会住宅的士兵所破坏殆尽。

躲避战火的明义士暂栖北京，于中国研究院任教一年。在此阶段，他把那些从豫北抢运出来的甲骨一一做了拓片。第二年，当他带领全家人返回加拿大休假时，在故乡经商的老父亲赠送给明义士五千加币。他用这笔钱支付旅费，前往印度、伊拉克、巴勒斯坦等地，观摩那里的考古场地。第二年夏秋之间，明义士又花费了数月之久，在耶路撒冷的两个考古场所担任调研员。这些丰富的实践经验，使他掌握了在考古现场发掘和做记录的最先进的技术。

一九三〇年，明义士在离开三载之后，重返彰德，再次开始搜集考古资料。适逢第二年中国研究院开始在小屯村系统地挖掘商代皇家陵墓，这些活动给明义士带来了与中国考古领域一流专家切磋交流的宝贵机遇。而他在这一领域的独特建树，也受到了中国学者的高度评价。两年之后，明义士一改初衷，从传教士的身份华丽转身，应山东齐鲁大学之邀，担任了该校的考古学教授。他把自己近期所搜集的古陶器和甲骨残片从彰德运往济南，藉此奠定了齐鲁大学博物馆雏形。他在该校首次开设了考古方法入门以及亚洲和中国考古学等课程，并采用流利的汉语为高年级学生授课，阐述他对甲骨文研究的独到见解。

明义士感到，他从一九三二年至一九三七年在齐鲁大学的这五年时光，构成了他在事业上最具挑战性、收获最丰厚的阶段。在那些岁月里，他和日渐壮大的中国学者队伍共同致力于考古学研究，并为此作出了无法估量的贡献。与此同时，许多学生也得以采用最新的科学方法来研究中华传统文化的源头。

明义士对这些历史文物的研究，协助他对中华文化思想的形成获得了更加清晰的理解。他感到，冥冥之中，似乎有神灵在召唤他，赋予他重要的使命，寻找出证据，验明早在中国古代时，华夏大地就已经在崇拜上帝了。因此，中国人是可以把基督教看作土生土长的观念的，而非视其为来自异域外邦的说教。

从明大使提供给我的史料中，我读到了一篇十分有趣的文章。那是明义士在一九三六年十一月二十一日返回加拿大度假期间，在多伦多发表的：

这一镌刻在甲骨上的短小的条目涉及到早期中国人对上帝的概念，也许能以科学的态度帮助你们回应对传教工作的普遍指责。那种批评意见认为，我们不应当把我们的上帝和我们的宗教强塞给中国人。我对此的回答是，我们的上帝恰恰也是他们的上帝。中国人能够据此概念提供出证据的日期，可以追溯到很早以前。而我们对此一概念，甚至无法提供出一个大致的日期来。

某些唯物主义者声称，我们所从事的工作，不过仅仅是在宣传早期希伯来人的迷信思想。对此，我们可以指出，有关上帝的概念，在中国的起源，远远早于我们所假设的摩西的时代。因为上帝的字眼在公元前一千四百年时就已在中国广泛应用了。当然，这并非说，中国人关于上帝的概念，完全与《圣经》中的一模一样。中国人的概念，仅仅是简单的‘在天之父’。但此点表明，早期中国人这个最原始的概念却是基督教的良好基础。因此，在中国的传教事业完全可以期望从五亿中国人口中得到相同的反响，正如福音在我们西方社会传播时一样。⑤

在多伦多休假期间，明义士惊讶地获悉，日本军队展开了对华北的全面进攻和侵占。他急迫地想要返回中国，却遭到了教会总部的拒绝。当他得知，日军随行者中配备有“人类学专家”，专门掠夺中国文物时，他立刻通知了在齐鲁大学的同事们，及时隐蔽起他存放在该校的文物收藏。于是，大批的甲骨被藏匿到阁楼顶层、夹缝墙中，或者深埋到校园地下，使这些珍贵的文物躲过了劫难，并于一九五一年按图索骥，一一寻找回来。这八千枚甲骨，最终都交付与山东博物馆收藏。

明义士所收集的文物中的大多数精品，包括此前妥善保存在中国的大约两万三千片甲骨，最终都进入了北京和南京的博物馆。仅有一小部分，在三十年代的战乱期间，被惊慌失措的其他传教士同伴们装船运回了多伦多。此后多年，明义士一直保存着这些文物，期望着有朝一日携带着它们，返回那块魂牵梦系的土地。然而，他却再也未能实现这一愿望。

从一九三八年开始，他进入了位于多伦多的安大略省皇家博物馆，在该馆的远东部从事研究工作。一九四二年，明义士完成了他的博士资格考试，开始撰写关于“商戈”的论文。这是从公元前一三一一年到一〇三九年对中国青铜器时代的特殊武器之研究。此文一波三折，历经坎坷，最终于一九六五年由安大略省皇家博物馆发表。此时，距明义士离开人世已经八年之久了。

明义士逝世之后，他的妻子安妮和儿子明明德决定，将明义士带到加拿大的一部分中国考古标本、刻有文字的甲骨、中国考古学和早期历史书籍等，转交给位于多伦多的安大略省皇家博物馆。双方达成的条件是，明义士有关“商戈”的研究应当予以发表，此外，对他在加拿大期间所完成的甲骨拓片也应当得到校对修正并予以发表。

在他的全部学术生涯中，明义士主要研究的是甲骨文和商代青铜器，他在这个领域留下了二十多部专著和论文。他的代表作中拥有颇多原创观点，在学术圈内受到了高度评价。然而，他在这一领域中本该创造出更加辉煌成果的潜能，却不幸遭到了阻碍。

根据二〇〇八年一月十九日加拿大《环球邮报》刊登的《对旧骨头的新重视》一文所述，此乃明义士与其上级——曾在河南开封为他和安妮主持婚礼的威廉·怀特大主教之间的关系恶化所导致的结果。

该报记者杰弗瑞·约克在文中说：“明义士在收藏大量中国文物时，仅仅把自己看作中国这些国宝的监管人。他坚持认为，自己的收藏都将留在中国，供研究之用。在这点上，明义士与他的同行威廉·怀特大主教可说是泾渭分明。后者在二三十年代曾把数千件极为珍贵的文物海运回加拿大，转交给安大略省皇家博物馆。”⑥

在战火焚烧的岁月里，已经年过半百的明义士，一面焦急地期盼着战争早日结束，一面在多伦多大学攻读博士学位，撰写中国青铜器时代文化的论文。记者在其文章中点明，已经返回加拿大的威廉·怀特大主教时任多伦多大学中国研究所的主任，因此成为明义士的博士论文指导教授。他在一九四一年驳回了明义士的这篇论文，接下来却发表了他自己的两部书，书中内容基本上都来自被他驳回的那篇博士论文。

记者引用了一位华裔学者在其著作中的说法，指出威廉·怀特大主教曾多次把明义士的研究成果和绘图用于自己的讲义和著述中，却未对此加以承认。正如明义士在写给安大略省皇家博物馆馆长的抗议信中所说的："他好像喜欢这种并不圣洁的举动，迫使我告诉他一些东西，然后把这些东西当作自己的散布出去。"⑦

除了来自怀特大主教的不公正对待之外，明义士也遭到了他曾经付出毕生心血来热爱的那块土地的背弃。解放初期，齐鲁大学的校领导把他定为"强盗"和"文化帝国主义分子"。性格内向、寡言少语、长期忍辱负重的明义士罹患了心脏病，于一九五七年在多伦多与世长辞。

值得欣慰的是，一九九六年，在他离开这个世界四十年之后，一部名为《甲骨研究》的中文书籍在中国出版了，其内容是明义士一九三三年在齐鲁大学任教时使用的课程讲义。这部著作的发表意义重大，因为原始的讲义仅仅是印发给学生们阅读的，几乎没有其他学者知晓。该书主要介绍了有关甲骨文研究的历史，例如，甲骨文是如何发现的，购买过甲骨的人员名单，以及甲骨出土的数量。其中，关于发现过程的纪录、消息的传播、收藏者的姓名等等，尤为珍贵。明义士的工作被认为是在这些方面最为准确无误、细致翔实的。

（三）

明义士夫妇的长子是个温顺可爱的男孩，出生在河南开封，牙牙学语时，随父母乘坐马车前往彰德。孩子在五岁那年染上猩红热，不幸夭折。当他们的幼子亚瑟于一九一六年深秋在彰德出生之后，多少弥补了这对夫妇心中的悲伤。身旁的中国友人为婴儿取了乳名“天贝”。孩子的学名“明明德”则取自《大学》开篇“大学之道，在明明德”之句。

关于他的乳名“天贝”，是一九九六年秋天明明德大使操着河南乡音亲口告诉我的。然而，二〇一二年，当我看到其长姊玛丽恩的回忆录《从彰德古城到华北解放区》时，却发现里面提到，明明德的乳名叫“天宝”。不知是否在翻译过程中造成的误会。随着当事人一一离世，也许这个细节今后也难以澄清了。

明大使说，他是在彰德的教会医院里出生的。提及往事时，已经年过八旬的大使，显示出惊人的记忆力。他竟然说出来接生婆的名字叫梅秀英，护士长盖麻姑是个“很胖的女人”等等。明明德在豫北度过了童年时光，十一岁那年，该入中学了，才离开豫北出生地，回到祖籍加拿大。

明大使说，他的母亲安妮是一位富于献身精神的理想主义者。一百多年前，是什么动机驱使这位年轻姑娘毅然告别亲友和家园，远涉重洋，只身前往遥远陌生的豫北乡村呢？

安妮的祖先，是来自英国的贵族后裔，但是移民到加拿大之后，一切从零开始，沦为普通的农场主。那个年代，女性在家庭中处于从属地位，很难实现对事业的追求。安妮十六岁那年，正在高中读书时，父母却让她辍学回家，每日为六个弟妹洗衣做饭，照顾一家老小。也许是骨子里残存的贵族血液在作祟吧，她不甘于在这种庸碌无为的生活方式中埋没自己的人生梦想。两年之后，她离家出走，去多伦多报考了护理专业，期望在完成学业之后，到中国担任传教士，追求更有意义的人生。

明明德大使翻找出珍藏的家庭相簿，递到我的眼前。青年时代的安妮，容貌秀丽，目光和善，显然是人见人爱的女子。“我母亲的皮肤非常好，雪白细腻。她在学校时曾经遇到过一个来自印度的留学生。他很喜欢我母亲，讨好她说：‘啊，夫人，你的皮子真美丽！’嘿嘿，那个印度人的英文太差，竟然把形容牛马的字眼用到人的身上了！”

正是为了追求这位心目中的女神，明义士这个工程系毕业的学子，也随着安妮，来到了遥远的东方古国。

呈现在他们面前的豫北乡村是贫瘠落后的。房屋是土坯茅舍。

道路是泥泞的沟壑，车轮常常陷入其中，无法挪动。人们夏季在山脚下耕种，冬季赶着毛驴运煤。女子人人缠足，男子稍有余钱便吸食鸦片。无论是城里还是乡间，都没有一座现代化的学校。

这对怀揣理想的年轻人并未荒废其所学专长。明义士运用自己的知识，帮助豫北的百姓用先进的科学方法凿井、盖房。安妮除了鼓动妇女废除缠足的陋习之外，还办起了当地第一所女子小学，首次为穷乡僻壤的女孩子们提供了走出家门、读书识字的宝贵机会。他们还请来了城里医院的洋大夫，到乡下为贫困的村民免费治疗。

“我母亲的个性与我父亲的正相反。父亲少言寡语，羞涩内向。而母亲则随和开朗，风趣幽默。刚开始，由于义和团运动和八国联军入侵的影响，当地老百姓对外国人充满了敌意，很不友善。但经过我母亲的努力，逐渐地，她与驻地附近村庄的妇女儿童们建立起了良好的关系。她深深地感到，在中国才找到了她的人生目标。”明大使回忆到此，眉宇间显露出欣慰的神色。有趣的是，尽管我担心他会忘记中文词汇，所以总用英语和他交谈，他却固执地操着一口浓厚的河南乡音回复，似乎是想顽强地证实着什么。

“华北的冬天是漫长的。在教堂里，母亲可以嗅到人们身上散发出来的难闻的气味。你知道，那里的男人们个个都抽旱烟，而且一辈子都不刷牙。”明大使说，“河南乡下的百姓，生活十分贫困，热水和肥皂都是享受不起的奢侈品。因为寒冷，农民往往整个冬季

明义士一家二十世纪三十年代在河南安阳家门口合影。

都不洗澡，一冬只穿一件棉衣，从不脱下来换洗。所以，很多人都患皮肤病，身上长疮，头上流脓。彰德城里也有个澡堂，仅仅是为男人开设的，但只是有钱人才洗得起。因此，我母亲在教会的学校里修建了一个澡堂，免费为当地女性提供热水和肥皂。那个时候，'明太太的热水澡'享誉四方。在严寒的冬季，洗澡是十里八乡的妇女们翘首期盼的乐事。每个月一次，当妈妈的都会带着孩子们轮流来洗澡。”

从明大使提供给我的安妮日记和书信片断中，可以捕捉到百多年前的一些镜头。其中一则写于一九一四年三月七日：“我们抵达了彰德。行李尚未到，只好凑合着在别人家里过夜。第二天，王老太太陪着我到附近的两三个村庄去探访村民，因为我的中文还不太流利。进入一个村庄后，来了一大群人，都是女性。按照此间的风俗，男人是不便去围观一个外国女人的。”

在另一则写于一九三二年的日记中，安妮详细地叙述了她是如何把一位罹患白内障五年之久、双目失明、八十七岁高龄的老年妇女从乡村请到自己家中，安排医生为她摘除了白内障，使其重见光明的。

“我去她家探访时，看到尤老太太从早到晚独自坐在那间黄土小屋中，寂寞地自言自语，便暗暗下了决心，一定要给她的生活带来希望……几天后，尤老太太在她孙子的陪伴下，跨进门来。看她衣着光鲜，我便夸赞了几句。尤老太太告诉我，她身上穿的是寿衣。原来，这里的习俗是，人们在活着时便会准备好自己的棺木和寿衣，以求心安。逢到喜庆的日子与场合，也会先穿上寿衣，提前感受一下是否合体。”

安妮组织当地妇女参加学习班，研读《圣经》。这种活动，为只字不识的文盲女性提供了读书认字的机会。她也鼓励六岁以下的女孩随母亲同来，在教会里学习歌唱。

明大使说，乡村妇女鲜少有机会参加社交活动，因此，她们非常喜欢在我母亲弹奏的风琴伴奏下，放开歌喉，尽兴欢乐。当然，为了尊重地方习俗，教会里举办各种活动时，男性和女性都是分席就座的。移风易俗，也是一个循序渐进的过程。有趣的是，进入教会学校读书的女孩子们，由于不再缠足，竟然无法被大众所接受，险些成了嫁不出去的女子。

因为中国老百姓普遍对洋人开办的教堂怀有疑惧，安妮便常常带领子女走村串户，拜访农民，试图以温情打开人心的隔阂。春天到来，杨柳拂面时，她也常会租一条大船，带领学校的女孩子们享受船上野餐的乐趣。

据明大使回忆，洹河上的渡船很多，是当地的主要交通工具，比起颠簸不平的马车来，自然舒服得多。如果乘坐马车在道路上行走，由于道路比地面下陷一人多深，因此乘车者根本看不见道路两旁的景致。而乘船出行，视野开阔，两岸风光尽收眼底。大船两旁各有两个小伙子撑篙，船尾坐一掌舵人。女孩子们在安妮的带领下，一路高歌，顺流而下，煞为惬意。

明大使说，他三四岁时，曾经常跟随父母和两个姐姐，去边远地区的乡村探访。父亲骑着一匹白马在前引路，母亲和三个孩子坐在马车内跟随其后，在乡间崎岖不平的道路上颠簸很久，到了村里，住的是农民家中简陋的茅草房。在泥地上支起随身携带的行军床，还要忍受蚊虫跳蚤的叮咬。没有电，夜晚要靠油灯照明。窗户外面总是围着瞧热闹的人群。淘气的孩子们你推我搡，用口水舔破了窗纸，兴奋地偷看里面的“小洋鬼儿”。

“叫我们小洋鬼儿，并没有恶意。”明大使解释道。

当村中妇女围绕着安妮瞧新鲜时，安妮友好地向她们表示，“你们问什么问题都可以。问吧！”没想到，当安妮的小女儿弗兰西丝要如厕时，村妇们提出，想要看看“小洋鬼儿身上长的那个东西，和我们中国人的有什么不一样”。

面对这一突如其来的文化挑战，安妮镇定自若。她答应了让村妇们围观小女儿如厕，以此打消村民心头对“洋鬼子”所产生的疑惧。当看到小女儿惊惶失措地哭出声来时，村妇们互相推搡道：“算了，算了，别吓着她了！”一面说，一面却又忍不住斜着眼睛偷窥。“噢，原来和咱们是一样的尿法儿！”

闲聊中，明大使也提到了父亲明义士经历过的几桩趣事。某次，明义士到一个学生家中去拜访。那个学生在学校里学会了刷牙，回到家里，也传授给了自己的父亲。这天饭后，只见那家的仆人端来了一大杯水和一支牙刷。主人接过来，拿牙刷漱口后，噗的一声吐在了地上。然后，他把水杯和牙刷递给了明义士，殷勤地让其漱口。

明义士灵机一动，说道："你还不知道，真正的刷牙方式，应当是一手遮挡在前面，一手刷牙。"说着，明义士用手挡住嘴，假装刷了牙。当然，他并没把那支别人用过的牙刷伸入自己的口中。

一九二五年的春天，豫北乡下闹饥馑，明义士在教会里组织赈灾活动，忙碌了很久。结束之后，当地政府为答谢明义士，特地备办了一桌宴席。宾主就座之后，一盘烹调精美、一尺半长的大鲤鱼被端上了桌，上面覆盖着青葱丝、红辣椒，诱人食欲。只见中国官员仅用筷子蘸了蘸鱼，便转给了明义士。大旱之年，河水干涸，明义士已数月之久未尝鱼虾了，于是欣然把筷子伸向了盘中之鱼，却是无论如何也夹不起一丝鱼肉来。这时，主人才尴尬地解释说，那条鱼是用木头雕刻的，只为凑个喜庆罢了。

叙述起这些逸闻趣事时，明大使语调平静，不动声色。也许，身为老牌外交官，他早已养成了在说笑时掩藏自己感情、喜怒不形于色的习惯。而作为听众的我，却从这些旧日的"笑话"中，更多地感受到了沉重。

翻看照片时，我看到了一张明义士登泰山时的留影。那是一九三四年夏季。几十里的山路，由两名轿夫扛着带有遮阳凉篷的沉重木架，一阶阶攀上顶峰。"从十八岁到三十岁的抬人，三十岁以上的挑货，四十岁以上的，就只能摆摆茶摊了。"明大使解释说。

从他给我的资料中，我读到了明义士的长女玛丽恩回忆幼年时在豫北和中国人同度圣诞节的欢乐情景。

“圣诞节清晨，我一睁眼，就听到了《天使在歌唱》的乐曲。我和八岁的妹妹弗兰西丝、七岁的弟弟亚瑟从床上一跃而起，跑到露台上观看。天色尚未亮，头顶星光正明。远远地，有一支火光闪烁的队伍，正朝我们这边移动。原来是教会女校中学部的女孩子们，手擎烛火，口唱颂歌，逶迤而来。我们激动地欢迎她们，看到她们在所经过的每幢房子前逐个停下来吟唱。歌声奏响了这一天的到来。我们几个孩子兴奋地打开了各自的礼品袋。我在自己的袋子中找到了一只大柑橘。这可是每年仅有一次的奖品啊！因为我们所居住的华北，不出产柑橘。下午，母亲专门为乡村孩子们举办了一场盛会。来了五十多个女孩子，每人都收到了一份礼物：一个套着针织衣裙的赛璐珞洋娃娃。这些礼物是加拿大蒙特利尔市一个妇女团体邮寄给我母亲的。当这些女孩子收到有生以来的头一份礼物时，别提有多激动了。到场的人们无不沉浸在爱心与欢乐之中。”

虽然玛丽恩感叹儿时在豫北乡间吃到一只橘子的不易，但相较于当地人民的生活水准来说，传教士的生活，俨然是高高在上的贵族式的。

明大使对他出生成长的豫北故乡的一草一木，都揣着温馨美好的记忆。那是一幢二层的西式小楼。一层有一间大书房，摆放着几件红木桌椅，书架上排满了古籍。壁上的镜框中镶嵌着几幅图画。

一只网球拍和一把剑交叉着挂在墙上。地板上铺的，是用高粱秆编织的席子，代替地毯。

明家在北戴河海滨拥有一栋别墅。每年夏季，母亲都会带着儿女们去那里避暑数月。回忆起从豫北乘火车、到山海关下车后被挑夫和小贩们包围的热闹景象，明大使的声音中充溢着兴奋与留恋。

那栋别墅是明义士在抵达中国的当年，花了一千三百块银元（相当于三百多加元）购买并扩建的。资金来自他那位成功的父亲——在加拿大制造管风琴致富的企业家。别墅建在临海的山崖上，有大石块砌成的墙基，长长的雕花走廊，圆形的露台，宽大的客厅，半圆形的书房，几间卧室，一条石阶通往山下。

明大使拿出来父亲当年购买别墅重新改建的合同。那是用毛笔以中文写在一张发黄的宣纸之上的。上面盖有数枚已经暗淡的红色方印，注明是“一九一一年七月二十六日”，由“明牧师所购”。

翻开珍藏的家庭照片，明大使一一指点着母亲、父亲、姐姐们在中国的留影。安妮的五官小巧精致，神态端庄大方，棕色的卷发梳理成辫子，盘在头顶，额前和耳际垂着细细的发卷。明义士宽阔的前额下，鼻梁挺直，目光炯炯，紧抿的嘴唇线条分明，一副气宇轩昂的男子汉形象。

合影中唯一的丹凤眼、圆脸庞的面孔，便是明大使念念不忘的他的中国保姆“申大嫂”。一九一四年，这个裹着小脚、身穿中式大襟衫的年轻寡妇来到家中，帮助安妮照看孩子，从此就成了这个家庭的一员。她心灵手巧，很快学会了使用缝纫机，但她从不穿洋装，几十年如一日地只穿自己剪裁的中式服装。

这位中国保姆虽然目不识丁，却不出一两年，就能说一口流利的英语了。她常在明家的后花园里，边为安妮的女学生们沏茶倒水，边教她们说英文。

明义士全家回加拿大休假时，曾带领申大嫂同行。“坐在轮船上，母亲告诉她，我们要去地球的另一面，她却不能明白是怎么回事。因为在她的知识里，世界是平的，怎么会到了背面呢？抵达多伦多之后，母亲曾带她去市中心的伊顿百货大楼。乘电梯上楼时，申大嫂无论如何也不能理解，进去时是一个地方，出来时怎么成了另一个世界？”

全家在北戴河避暑时，申大嫂在当地领养了一个儿子，瘦得皮包骨头，叫“大钉”，比明明德还小几岁。明家也送那个孩子上学读书。一九三七年抗日战争爆发后，明义士全家返回加拿大避难。临走时，特意给申大嫂留下一笔钱，让她返回乡下定居。日军占领河南之后，明家仍然每月从加拿大给她汇款。日本投降后，国共内战，天下大乱。最后一次托人带钱给她是一九四八年了，此后便失去了联系。

“听说，申大嫂回到家乡后，买了一头驴，靠给人磨麦子过活。”

明大使盯着空中，目光里流淌着怀旧的伤感。

那次，我们一直聊到深夜，透过开启的窗扉，偶尔能听到屋后黑压压的树林中传来几声孤寂的鸟鸣。在昏黄的台灯光影里，老人小声哼唱起幼年时申大嫂教他的豫北儿歌：

小红鱼儿，
你在哪儿住？
我住在水里。
水里冷不冷？
不冷冷冷冷……

明明德边唱，边晃动着身体，向我解释这首儿歌的妙趣何在。看到他那种投入和认真，我的眼角湿润了。

一九九八年元旦刚过，我收到了明大使的一封信，他在信中说，他亲爱的二姐弗兰西丝最近因病离世了，令他十分悲伤。他专门写了一篇悼念文章，除了在亲友间传看，也给我寄来了一份。

此外，他还提到："加拿大国家档案馆正在征询我的意见，希望我同意把自己家里保存的文件资料转交给该馆。近两个月来，三位专家每周到我家来两天，整理和包装了整整三十六箱文件。里面也有我父母留下的日记、文章和大量书信。我天天忙于向他们解释各种文件的重要性。这三十六箱文件目前仍然在我家中，但我估计他们可能想在开春时就拿走。当然，保留在国家档案馆里面，公众就可以接触了。但是，假如你希望再次来我家，查阅我母亲的信件，或者想在这些资料被拿走之前影印一部分，我是非常欢迎的。请你打电话告诉我。”

我心里一直惦记着此事，甚至与一些学者和朋友探讨过，如何进行这个领域的研究，使那些珍贵的史料早点为今天的人们所知晓。然而，此事一拖再拖，终未付诸行动，留下了永久的遗憾。

（四）

根据西安碑林中的石刻记载，基督教最早传入中国是在公元六百三十五年的唐朝。中国皇帝李世民接见了从西域来华的传教士，并允许他们在终南山北麓建塔修殿，足见中华传统文化海纳百川、包罗万象之气魄。

鸦片战争之后，大批传教士涌入中国。加拿大传教士从十九世纪末期开始加入此一潮流。从一八八七年到一九五七年，来到中国的加拿大传教士大约有上千名。他们的足迹从东南沿海远至云贵、川藏等西部偏远地区。在这些贫困地区，传教士的出现，对当地的教育、医疗、妇女解放等方面均做出了努力，积极改善了当地人民的生活。

虽然大多数传教士的名气，都远远不如基督教牧师之子白求恩医生那样享有极高的知名度，但他们也为中国社会的发展留下了不朽的业绩。四川成都的加拿大传教士文幼章，就因其对毛泽东所领导的共产主义革命寄予同情和支持，而赢得了“红色传教士”之称号。然而更多的是默默无闻的人物，例如香港圣公会的何明华大主教，他曾在抗日战争中悄悄派遣医护人员队伍到延安工作，也曾解救遭到国民党逮捕的共产党领导下的东江游击队的战士，并在解放后成为周恩来总理极为尊敬的国际友人。

这种现象表面看来似乎不太协调，但追根究底，却并不矛盾。许多基督教传教士认为，他们所秉承和追求的人类社会平等、公正的价值观念和信仰，恰恰在新中国成立初期的土地改革、工商业改造、上山下乡、合作医疗和赤脚医生等一系列社会运动中得到了体现。

基督教传教士去中国，本是抱着教化中国人的目的而去的。但他们却从中国人民那里汲取了丰富的营养，也由此建立起了深厚的感情。新中国成立之后，曾有很长时间遭到西方世界的孤立和封锁，恰恰是这些加拿大传教士的后代们，由于他们出生在中国，对中国怀有与生俱来的情感，所以通过在朝野之间不懈的努力，影响了加拿大政府，终于在二十世纪七十年代促成了中国和加拿大两国之间正式建立外交关系。最早被派遣到中国担任加拿大驻京全权大使的四位外交官，全部都是赴华传教士的孩子，其中就包括明义士之子明明德。

明明德在多伦多大学和哈佛大学完成学业之后，曾在数个亚洲国家担任加拿大大使、外交部远东司司长等职务。一九七六年，明明德荣幸地以加拿大大使的身份，重返他出生成长的这块土地。那时正值“文革”结束的特殊历史阶段。他在故地重游时，深感豫北乡村经济发展的落后状况，因此，他在中国的四年任期内，积极投入在两国之间推广高科技交流项目，以新的形式，进一步巩固加强他父母那辈人建立起来的纽带，殷切地希望能为中国的改革开放尽一己之力。

明大使在一九七七年十一月十七日撰写的一篇文章中，描述了他访问自己的出生地彰德之行：

上个星期我回到了彰德。那里是我出生成长的地方。一九二七年春天，我十一岁的时候，离开了那里。后来，一九三五年夏天，我随着父亲又回去过一次。如今，这个城市变化巨大，从过去那个仅有数万人口、城墙环绕的古城，变为拥有四十三万人口的工业城市了。城里修建了一个更大更新的火车站。城墙被拆毁了。仅在西南角留下了一点，辟成公园，作为历史的留念。解放路大街两旁，商店、剧院、办公楼鳞次栉比。⑧

明大使满城转悠，竭力寻找加拿大传教士们当年修造的那些建筑物。最终，他在一些现代化的医院和学校中找到了部分残留下来的房屋，从中依稀可辨当年的旧貌。然而，里面挤满了各种各样后来加盖的建筑，已经面目全非了。

明大使注意到，当年仅有三十张床位的教会医院，如今已成为拥有四百张床位、二百位医护人员、三百位勤杂人员的大型医院了。医院每日能接待一千名左右患者，拥有先进的爱克斯光设备，病房里也堪称干净整洁。大使和他夫人还亲眼观摩了采用针刺麻醉为一名铁路工人割除盲肠的手术过程：

那位工人一直十分清醒。刀口缝合之后，他站起身来，径直走出了手术室。那位外科医生仅在医学院里培训过三年，但却拥有丰富的实践经验。就我们所见到的情形来看，消毒过程都是符合规定的，医生看上去也完全了解他所进行的工作。整个手术仅用了二十分钟便完成了。⑨

落入明大使眼中的安阳，已是一所工业化城市了，拥有一百多家工厂，二百所学校，八家影剧院。夫妇俩在其中一家剧院观摩了河南豫剧的演出。

明大使提到，这座城市是通往西边一百里外的林县的必经之路。那里有享誉全国的“红旗渠”。看到这里，我心生感慨，不知今天的年轻人，还有几人听说过太行山区人民战天斗地、改变生存环境的壮举。

明大使在文中也详细叙述了他在殷墟考古现场的参观，并指出，毛泽东也曾于一九五二年到那里参观过。

因为我父亲在一九一四年时发现，商代都城的所在地就在小屯村附近，且我在孩提时代，曾多次到访过那个地区，所以我热切地盼望着故地重游。在博物馆里面，我们看到了一些出土文物的照片，还有一些从陵墓中发掘的样品。我们看到了一批陶器、青铜器、玉器、几片刻有文字的甲骨，还有各种各样骨头制作的饰物。参观完后，我们被带到一个打谷场附近，眺望原野。田里还残留着没有采摘的棉花，但是大部分庄稼都已收割完毕了。我们失望地发现，文物挖掘之后，所有的发掘现场都被重新填平了，仅仅留下了一处，让参观者了解陵墓和宫殿的形状。我希望，今后若有真正的出土挖掘在进行时，能够再次回来，并多花些时间在此地逗留。⑩

自从明明德离开他的出生之地，半个世纪已经过去了。他注意到了在共产党领导下，人民生活有所改善，而那正是他的父母努力工作所期望达到的。“人民的生活是简朴的，但水平绝不能算低。去电影院的人很多，在公园里散步的人也很多。所有的人都穿戴整齐。医疗保健系统非常便宜，甚至是免费的。中学教育也得到了普及。

这很不容易。”明大使对我说。

在中国任职期间，明大使曾三次到北戴河，寻找童年时留下的印记。明家旧日的别墅，因为占据着当地景观的最佳位置，所以为中国那时的亲密朋友阿尔巴尼亚人所居住。一九八〇年，明大使离开中国之前，最后一次去故地凭吊，发现山崖上的那座别墅已荡然无存了，在原址上耸立着一座高大的摩登酒店。

明大使说，他在其他亚洲国家也曾担任外交官多年，也许是因为没有经历过频仍的革命运动冲击之故，所以那些地方的传统文化得以完善保存，人民也深以自己的文化遗产而骄傲。但在中国，他却看到了某些不无遗憾的状况。譬如说清明节。他认为，中国的清明节起到了凝固家庭的作用，对整个社会的稳定，意义重大。可惜在八十年代的中国，传统文化的魅力却在逐渐减弱，人与人之间的关系日趋冷漠，一切都变得商业化了。

一九二二年，明明德八岁时，父亲曾赶着马车，带领他去参观过袁世凯的老宅。据他回忆，那个地方距离彰德大约三十里之遥。袁世凯的儿子是个胖子，年方十几岁。他从轿子上下来，热情地迎接了父子二人。袁家大院里仆役成群，戒备森严。父子俩停留数小时之后，专程到精心修造的袁世凯陵墓参观留影，日暮方归。

明大使详细地描绘了陵墓留给他的印象。那条青砖甬路足有三十米宽，通向一座大牌楼。六根大石柱夹着五座大门。每根柱子的顶上都蹲着一头狮子，进门之后，两边各有一个三四抱之粗的圆柱，上面的浮雕是松鹤的吉祥图案，沿途皆是石人、石马。

不难想象，这次童年时的远足在明明德心目中刻下了鲜明的印记，象征着传统文化中某些值得留恋回味的东西。

在七十年代回到豫北乡村故地重游的旅途中，明大使和他夫人乘坐的火车突然遇到了紧急刹车。从车窗内探头朝外观看，他发现路旁正在施工，也许是某个民工的不慎，引发了这场停车事故。只见几个身穿制服的中国人挥动枪托，把一个民工打翻在地，头破血流，嗷嗷惨叫，却无人劝阻。这一幕骇人场景落入大使夫人眼中，使这位在加拿大温室中培育出来的名门闺秀芳容失色，接连数天，惊魂甫定。

“我幼年时在彰德生活，早就见识过城门口笼子里悬挂着人头示众那种景象，所以见惯不惊。但对她这种出生成长于中产阶级家庭的人来说，如此血腥残暴的行为，是闻所未闻的丑恶。”明大使依然是语速平缓，不动声色。他凝重的目光，落在客厅壁上悬挂的父母亲的遗像上，陷入了沉思。

怎样理解这桩小事与传统文化之间的关系呢？我心中充满了矛盾。身为中国人，又从事着在海外发扬光大中华文化的工作，但却免不了常常会带着审视与疑问的目光，打量我们所继承的庞大复杂的遗产。

（五）

我的那篇英文报告完成之后，被收入了会议的论文集《沿着丝绸之路：中国历史、文学、文化论文》。二〇一一年冬天，我把此书寄赠给明明德的独子肯尼教授之后不久，收到了明义士的长女玛丽恩的儿子詹姆斯写来的感谢信：

看到有关我外公和舅舅的许多趣事，我十分愉快。感谢你所做的一切。现给你寄去一本我母亲撰写的回忆录《从彰德古城到华北解放区》，你也许会喜欢吧。

在中国出生的那些传教士子女长大以后，很多人都返回中国工作，有的是像我舅舅那样的外交官，也有的是医生，护士，或者教师。例如我们这个家族，我母亲玛丽恩（中文名字叫明爱美）和我姨妈弗兰西丝都是专职的社会工作者。在四十年代，她们俩都从加拿大返回中国，帮助中国的战后重建工作。我母亲是随同联合国救济总署一同去的。也许你不知道，明义士家族的第三代和第四代人，也继承了前辈的精神，继续为人民大众服务、献身公益事业。我的女儿和儿子都选择了这条道路。[11]

多年前访问明明德大使时，他曾告诉过我，大姐玛丽恩从一九四五年到一九四八年之间，一直在中国从事战后救济服务工作。当时，玛丽恩在华北解放区，为她担任翻译的中国人叫韩叙，解放后成为驻美国大使。一九七七年，明明德到北京就任大使时，宴会上碰到了韩叙，后者还曾经打探："玛丽恩如今在做什么呢？"

一九七八年，玛丽恩夫妇曾带领子女同返中国，故地重游。二〇〇七年，安阳市政府又特地邀请明义士后代再次赴华，参观在故居遗址复建的博物馆。明义士的后人在安阳城里看到了他们的曾外公外婆的故居，那里如今已建成明义士博物馆了。安阳市政府向他们赠送的礼物，包括明义士当年在中国使用过的笨重的古董照相机，还有他早期发表的学术论文。二〇一〇年，明义士的曾外孙再次应邀访问安阳。他赠送给当地教会一部明义士在一九一〇年使用过的中文《圣经》，并赠送给明义士博物馆两部书——多伦多皇家博物馆发表的明义士甲骨文拓片。

翻开《从彰德古城到华北解放区》，我看到了玛丽恩之子詹姆斯撰写的序。里面的几段话跃入了我的眼帘：

在我所能记住的所有事物当中，中国，特别是河南省安阳市，是我一生中一个重大的话题…… 尽管有的时候中国并没有处于十分显赫的位置，但她总是无处不在。当我们外出到餐馆就餐，或者我

明义士外孙媳妇、孙女、曾外孙摄于殷墟。

们为客人准备一顿特别的饭菜时，中餐总是我们的首选。饺子和酸辣汤以前是、现在仍然是我们全家人最喜欢的美味佳肴。汉语是我母亲、她弟弟亚瑟和妹妹弗兰西丝在一起谈话，并且不希望我们孩子们听懂谈话内容时所使用的语言。中国是我母亲把我抚养大并与我分享她的回忆和故事的地方。中国无处不在，我们在享用中餐使用筷子时有她，我们在享用茉莉花茶时有她……

来自于中国的新闻报道总是全家人最爱听的。当一九七四年来自于中国的考古珍品来到皇家安大略博物馆，还有后来的京剧团、中国杂技团的巡回演出时，我们总是立即停下手中的事情，去观看展览或者演出，无论我们手中的事情多么重要……

母亲在孩童和青年时期，在中国度过了一段最有趣味的生活。她对中国的热爱从未消退过。在她整个人生中，我母亲总是利用一切机会向她的人民讲述中国和中国人民的事情，并且鼓励人们对中国要更多更好地理解。要是知道她的故事即将用中国人民自己的语言带给中国人民时，我母亲一定会感到非常幸福的…… 我希望在明义士家族和中国人民之间持续了四代之久的这种友谊万古长青！⑫

读到此，我的眼前浮现出在一片烛火荧荧中捧着一只橘子欢欣不已的那个小女孩来。日月如梭，光阴似箭。明义士走了，安妮走了，弗兰西丝、亚瑟、玛丽恩也一一远去了。可他们身后留下来的东西，令我们回味无穷。

二〇一五年元旦过后，明明德的儿子肯尼教授到滑铁卢大学来办事，顺便来看我。品尝着来自中国的龙井茶，他连连赞叹其清香爽口。闲聊间，他提到，祖父明义士在一九五七年去世之后，祖母安妮把其毕生收藏的大部分中国文物都捐赠给了多伦多的皇家博物馆，但给三个子女各自留下了一点，以资纪念。

这一点，我早已知晓。在一九九六年我与明明德大使交谈时，他就曾提及此事，并特意点明，留给孩子们的甲骨文，是最好的几片。

很遗憾，如果当时我提出观看的要求，明大使是一定会满足我的。想到此，我猛然意识到，一九九八年我收到明大使的那封信中，曾提到家中一共有三十六箱文件要捐赠给加拿大国家档案馆，也许，那几片最为珍贵的甲骨文也在其中？

肯尼教授坦诚相告，父亲明明德从上辈人那里的确继承下来了几片甲骨文。但在二〇一〇年春天父亲去世之后，肯尼和妹妹萝拉整理遗物时，决定把全部文物遗产都捐献给博物馆，什么也没有保留。

“但是，我表弟詹姆斯应当还保留着他从母亲玛丽恩那里继承的那一份。”肯尼教授说。“他瘫痪很多年了，一直坐在轮椅中。给你写那封长信，是他用一根指头慢慢敲出来的。回味家族往事，是他最大的乐趣。”

我端出了盘桓在心中已久的疑问。“五年来，我一直生活在内疚之中。我不清楚，你父亲是否读到了我从邮件中传去的那篇文章；我也不清楚，他是否因为读了那篇文章，情绪波动，才导致了心脏病发作。你在检查他的电脑信箱时，能否……”

“我无法判断，父亲是否读到了你那篇文章。接到消息后，我赶到渥太华时，父亲已经停止了呼吸。然而，我想，你应当放宽心，无论他读到了还是没读到你那篇文章，父亲都一定是含着满意的微笑，离开人世的。”

我沉默不语，耳畔再次回响起那首悠远的豫北乡间儿歌来：

“小红鱼儿，你在哪儿住……”

（二〇一五年发表于《厦门大学学报》）

注释

①玛丽恩·芬奇·明义士·赫梅尔，《从彰德古城到华北解放区》，中国文化出版社，二〇一一年中国香港九龙，P8。

②百度百科：甲骨卜辞 http://baike.baidu.com/link?url=1d0A_tMLZL6eFj_KP9sP0dom8mPdpNilaK37hlNy6e1pi03nnyQDTlyuubkzD23pZzxZ4lccGwchoJovlThRe_

③摘自《环球邮报》二〇〇八年一月十九日专题报道。

④文中多处资料来自一九九六至一九九八年期间李彦采访明明德时的口述记录。

⑤摘自一九九八年明明德提供给李彦的书面资料。

⑥⑦ Geoffrey York, “New Respect for ‘Old Bones’ ”，二〇〇八年一月十九日加拿大《Globe and Mail》.（《对旧骨头的新重视》，载加拿大《环球邮报》二〇〇八年一月十九日，杰弗瑞·约克著）

⑧⑨⑩引自明明德大使一九九八年提供给李彦的资料。

⑪引自詹姆斯·明义士·赫梅尔给李彦的信。

⑫玛丽恩·芬奇·明义士·赫梅尔，《从彰德古城到华北解放区》，中国文化出版社，二〇一一年中国香港九龙，P1-P3。

毛太和她的同学们

北国深秋的街头，偶尔会看到枯槁的树梢上，孤零零悬挂着一两粒嫣红的果子，顽强地顶着寒风抖动。这景象，常令我想起几个教过的学生，他们个性鲜明，令人回味无穷，不像多数人，如行云流水，随时光荏苒而在我记忆中淡漠消逝。

“我叫 Mao Tai。”

“哪两个字？”我有些疑惑。面前立着的，可是个高鼻深目的金发女郎。或许她曾品尝过贵州的茅台，由此钟情？“你的名字，是不是一种酒名？”

她笑着摇头。“不不，是毛的妻子的意思。”

毛太？我愣住了。“是谁告诉你这两个字的？”

“一个中国朋友。”溢满青春活力的蓝眼睛，闪过一丝得意，“去年暑假，我在中国住了三个月。”

“为什么要取这样一个名字呢？”

她摆动着几乎露出肚脐的纤腰，唇角绽开一朵忸怩的笑：“我最大的愿望，就是嫁给毛泽东啊！”

又是一个毛的崇拜者。早已发现，海外女学生中，不乏毛的爱慕者。暗里猜测，除了伟人在中国历史上留下的叱咤风云的足迹外，或许，其高大英俊的仪表、挥斥方遒的风流，更易获女性青睐？

转天在走廊里碰上毛太，她朝我招手。见她满面春风，正与一个华裔男生又说又笑，便禁不住多打量了几眼那个从上海来的大男孩。哎，淡眉细眼，尖下颏溜肩膀，好端端的黑头发染黄了，哪有丝毫毛的气度？姑娘怕是看走眼了。

除了我的中国现代史课，毛太还选修了汉语。汉语老师对我抱怨过几次了：这女孩怎么回事？每逢测验，她就称病逃课，过后又缠着老师要求单独补考。

“那有什么稀奇？”我说，“人家那么爱毛，自然崇尚毛提倡的造反精神了。”

毛太虽不按牌理出牌，她特立独行的学习方法，却颇为奏效。学汉语不到一年的工夫，她的中文表述能力，竟令所有人刮目相看。

那个学期，系里组织了一次汉语演讲活动。报名参加演讲的人中有几个祖籍华裔的学生，他们表达能力堪称流利，但讲演题目却无甚新奇，例如怎样烘制蛋糕，记一次旅游，买何种房屋等等。

轮到毛太上场了。她不知从哪里弄来了一幅如今罕见的、布面的毛泽东画像，挂在黑板上。“我爱毛主席，我爱中国。”毛太一开口，我禁不住睁大了眼睛，注视着这个与众不同的女孩子。

“毛主席是一个伟大的领导者，我非常崇拜他。他帮助女人和穷人。他重新分配土地，给予妇女基本人权。他很聪明，写了很多漂亮的诗歌，其中最著名的诗句是‘数风流人物，还看今朝’。我喜欢共产主义，因为共产党代表了工人和农民。毛主席的八项注意，表明了对人民的尊重。它们是：说话和气，买卖公平，借东西还东西，损坏东西赔东西，不打人不骂人，不损坏庄稼，不调戏妇女，不虐待俘虏。”

听得出，她巧妙地引用了从历史课上学到的一些知识和观念，虽然仅是只鳞片爪。

“…… 我去过中国。在那里，我教中国人英语。我选择了湖南，因为她是毛主席的故乡。我在那里待了三个月。我很喜欢那儿。热情的人民，可口的食物，勤奋的学生，使我感到非常舒服。我学会了用筷子吃饭。我还试着吃了狗肉火锅。这在加拿大是不能接受的。但是毛主席说过，要反潮流。狗肉真的很好吃！另外，我也吃了很多毛主席最爱吃的红烧肉。当我买东西的时候，大家总是盯着我看，大概是我的鼻子太高了。现在我努力学习汉语，了解中国文化、历史。因为，我梦想能成为一名外交官，将来为加中两国的友谊工作。”

一片掌声中，毛太兴高采烈走下讲台。“她的讲演，挺有思想性呢！”汉语课老师连连赞叹。

我默默点头，禁不住有些感动，也许还夹杂着某种失落。毛太所景仰的主义，如今在加拿大似乎已成隔年挂历。当今世界上，还有多少人能像这个女孩子一样，对某种“主义”满怀执着的憧憬呢？

在我的课上，毛太发言最为踊跃，有意无意间总想向大家证明自己是半个中国通。有时她尖起嗓门和坐在身旁的瑞抢着“卖弄”知识，两人互不相让，争得面红耳赤，引来一片笑声。

瑞少说也有七十了。身材干瘦，满面皱纹，花白的头发上扣一顶泛着油光的黑毡帽，上面斜插一支颤巍巍的红羽毛。开学头天，我就注意到了这个坐在教室角落里的没有注册的老人。他不好意思地小声问我，能否旁听我的中国历史课，还说他热爱中国，并且正准备娶一个中国妻子。看老人可怜巴巴的样子，怎能忍心拒绝？为照顾他老眼昏花，我特地把他移到前排中间就座。

讲到朝鲜战争时，瑞高举手臂站了起来。“中国士兵，绝对是真正的士兵啊！”他对着全班同学翘起大拇指，频频点头，口角隐隐泛出些白沫。“这边联军的加农炮、机关枪，铺天盖地从山顶高地上打过去，对面哗啦啦倒下一大片，后边的一点也不害怕，接着往上冲，一批又一批。战斗打完了，山谷都被他们的尸体填满了……唉，真让人佩服啊！”

课间休息时，我悄悄问瑞：“你，是参加过朝鲜战争的老兵吧？”

他从座位上站起，略显慌乱，甚至有些手足无措。“我，是的，我是去过。那年都十七岁了，找不到工作嘛！看到征兵广告，就去了多伦多，训练了三个月，我才学会跳伞，他们就把我送到了朝鲜。”

他避开我的目光，神情紧张地环顾四周，已经浑浊的黄眼睛泛起一层迷茫。“我没打死过中国人，真的，我没有。我开了几枪，都是朝天放的。你不知道，不开枪，不行啊，后边有军官监督着呢……”

那份艰难的喘息中，混杂着隐匿不住的内疚。我不再追问，换一个轻松的话题。“你的未婚妻在哪儿？”

平和重新回到他脸上。“噢，她在南宁。那真是一个美丽的城市啊！我的女朋友，六十岁出头了，是个好女人！她是中医……”瑞摸出贴身皮夹，小心翼翼取出一张彩照，递过来。相片上的妇人浓妆重彩，烫卷的长发散披肩头，红黑条纹的紧身衣裤，狠狠地勒裹着发福的躯体。

“她挺漂亮。”我应当让老人高兴。

“她是不是漂亮，我不在乎，真的，一点儿都不在乎。”瑞连忙声明，“我对她说过，你用不着化妆打扮。你越自然我越喜欢。可是她不听。”

“你都喜欢她些什么呢？”

“她对我好极了，陪着我逛街，路上遇到的每一个熟人，她都主动把我介绍给他们。”瑞又滔滔不绝起来，“顿顿饭给我弄满满一桌子菜，就是在这边过圣诞节，我也从来没吃过那么丰盛的饭菜呀！”

他舔舔嘴唇，忽然诡秘地嘻嘻一笑，压低了声音。“可她也着实让我尴尬了一回。你能相信吗？认识才第三天，她就在晚上溜进了我的房间，尽管我是住在她家里的。我跟她说，不不，我不能做那件事，我早就不能了。可她不嫌弃，她说她可以用中医药帮我治疗……噢，天哪，她可真让我臊死了……”

“她结过婚吗？”我憋着笑，问。

“她前夫做生意发了财，搞女人，把她甩了。”他叹口气，接着说，“四个孩子，对我都很热情。最小的那个今年二十多岁了，见了我一口一个‘爸爸，爸爸’，叫得好亲热啊！”

听了他这一番话，我不知该说些什么才好，忽然想起了一个重要问题。“你的女朋友懂英语吗？她是怎么和你沟通的？”

他眉头一扬，笑了。“她一认识我，就开始学英语了。当然，我们之间交流主要靠手比划。前几天给我打电话的时候，她说：‘瑞，快来吧！我想你想得睡不着觉啊！’嘻嘻，还说她想变成一只小鸟飞过来。噢，她是事先拿了字典，把单词一个个查出来，找人教她念熟了的。现在中国到处都是英语学校啊！”

毛太嫌瑞的嘴太碎，还总爱和她“争风头”，干脆换到教室后面，远离开他就座。这样一来，朴坚毅就成了瑞的邻居，与他肩挨肩地坐在前排。全班五十多个学生里，只有这两个是老年人。

朴坚毅六十六了，至今未婚。一眼看去，人如其名，衣着朴实，神情刚毅。按照通常习惯，她的名字译为“珍妮”更为贴切。可她非常喜爱她的中国学生起的这个名字。看来，起名者也十分了解她的性格特征。坚毅在课上寡言少语，除了目不转睛地听讲，就是埋头刷刷地做笔记。她的笔记条理清楚，内容完整，下课后常被其他同学借去复印。

坚毅告诉我，她出生在林区小镇上一个普通工人家里。从上中学起，就开始了半工半读的生活，几十年下来，在大公司里从秘书一路做到总裁副手，还拿了三个不同专业的学士学位。退休后，干脆重返校园，做起了全职学生。若论事业，可谓成功。唯一的憾事，便是迄今尚未寻觅到相爱的伴侣。

“男人都怕我。”她无奈地耸了一下肩，轮廓清秀的鹅蛋脸上，露出几分落寞。“会议室里，谈判桌上，也许是我的思维过于敏锐，反应过于迅速，结果总让老板和男同僚们不自在。”

“我相信，喜欢你的人很多。”我安慰她道。

“是的，我在北京住过三年，在一所大学里教英文。只有在那儿，我才真正感受到人们对我的尊重和喜爱，感受到自己生存的价值。将来，我是一定要返回中国，继续教书的。”她目光炯炯，又显露出一贯的自信。

“你的感受，与白求恩大夫如出一辙。”我告诉她，白求恩在他留下的日记中，也有类似感慨。

“我真高兴中国人民至今还记得白求恩。”她灰色的大眼睛扑闪着，嫣然一笑，很斯文的那种。“在中国时，每次我外出参观，总在背包上贴一张中文字条：我来自白求恩的故乡。你猜怎么着，在一座佛寺门口，几个和尚硬是不收门票，让我免费参观！有一家小饭馆的老板，也不收我的饭钱。”

坚毅的老母亲长年患病，住在家乡的养老院里。每逢周末，坚毅都不辞劳苦，往返驱车四个多小时，去探望母亲。这自然占去了她不少复习功课的时间，然而，期末考试，她却拿了全班第一的高分。在我带动下，全体同学热烈鼓掌表示祝贺。坚毅白皙的面颊，透出了美丽的红晕。

毛太对自己没能拿第一，很不服气，来找我核对试卷中的答案。我耐心地一一指出她的错误后，她才哑口无言。瑞呢，连参加考试的勇气都没有。本来他上课就不爱记笔记，只惦记着抽空插嘴了。

新学期开始，坚毅看来是学上了瘾，又选修了我的中国文学课。“我准备再拿一个东亚研究专业的证书！”她自信地看看我，又瞧瞧瑞。

瑞赞许地频频点头。他也要求继续当旁听生，仍然与坚毅坐在一起。

早已估计到，像坚毅这样的西洋女强人，会很难理解中国古典式的爱情。果然，她在课上宣读自己的论文《从西方观点解读崔莺莺的悲剧》时，我听到的，完全不是一个教中国文学的老师通常期望从学生那里听到的东西。

“崔莺莺实际上是个乖张任性的女郎。初次与张生会面，本是答谢人家的救命之恩。可她却先是借故不出，后又常服悴容，不加修饰就露面，全然不顾应有的礼貌。在与张生试探接触的整个过程中，她的行为与其说是无法揣测，不如说是狡诈。不难想象，有了她对红娘小心翼翼的指使，才引出张生与她的‘偶然’相遇。她又写出‘待月西厢下’的小诗引诱张生前来私会。可是，人家真来了，她却出尔反尔，装模作样地斥责张生行为放荡。此种种伎俩，竟使张生天真地相信了她的解释，以为她唯一的目的就是保护自己的贞操。”

读到此，坚毅略作停顿，锐利的目光在教室内扫视一周，见我目瞪口呆的样子，她似乎有些得意地抿嘴一笑，接着有声有色地朗读下去。

“事后，当崔莺莺发现张生准备就此罢手，不再继续追求她时，也许是出于惊奇，或者说是失望，她再次主动进攻，密令红娘携衾枕而至。她在床榻上表现得时而倦怠冷漠，时而放荡迎合，充分暴露了她的反复无常。”

“依我看，”瑞伸长脖子，在下边插嘴道，“她也可能是出于无奈，才屈服于情人的非分要求吧！”

“说不定她是太羞涩了，”一个洋女生也跟着说，“毕竟是她的第一次嘛！”

“也许吧，不过，请看她接下来的举动。”坚毅看了他们一眼，继续读着，“崔莺莺又是连续十天之久不露面。这花招实在陈旧，不过是欲擒故纵，吊吊恋人胃口罢了。她的爱，除了肉欲满足外，毫无其他基础。”

看来，坚毅对崔莺莺的印象是坏透了。我忍住笑，偷眼观察其他学生的反映。结果发现，洋人中，除了瑞，还有好几位年轻人竟然都微微点头，表示赞成她的观点。而那几位从中国来的留学生呢，几乎个个面无表情，不知他们在想些什么。也可能是他们的英文水平有限，无法完全听懂朴坚毅流畅优美的英语吧。

“张生赴京赶考前，崔莺莺没有像真正的恋人那样，无私地鼓励他求学上进，却是期待他做出绝对忠诚的保证。还责备他‘始乱之，终弃之’。试问，究竟谁才是‘始乱者’？”

听到此，我终于忍不住，“噗”地一下笑出来。下意识中，连忙用手捂住了嘴。

“张生最终还是拒绝了崔莺莺，因为他已预见到，这个女人的变幻无常和自恋倾向，将会给两人的婚姻带来何种后果。这无疑是正确的判断。让理智战胜情感是更高层次的抉择，绝非毫无心肝地摧毁一个美貌柔弱的女子。依我看，中国唐代的爱情，与二十一世纪的现代爱情并无太大区别……”

晚上在灯下细读这篇论文，批改时颇感踌躇。传统文学批评中对崔莺莺的同情，对张生以至作者元稹的谴责，在此全然颠倒过来。这种基于西方价值和伦理观的中国文学评论角度，也不妨看作“令人耳目一新”。况且，坚毅对恋爱中男女曲折复杂的心理，分析得也算到位，我还是给了她较高的分数。

旧历新年悄然来临时，这个以加拿大人为主的大学城里，丝毫没有节日气氛。可是那天上午，才进教室，坚毅和瑞就双双趋上前来，每人递给我一张精美的贺年卡，还操着生硬的汉语对我说“恭喜发财”。唉，一眨眼，十六年了，早已习惯了在忙乱的工作中度过祖先的节日庆典。

下课后，我邀请坚毅和瑞去餐馆吃广东午茶。两个同是寂寞的单身老人，欣然随我前往。席间聊得热闹，瑞又絮絮叨叨地提起了去中国时，未婚妻全家款待他的盛况。

“你以前结过婚吗？”坚毅表情平静地打断了他。

瑞点点头，面露羞涩。“两次。头次是加拿大人，我们合不来，离了。”

“第二次呢？”朴坚毅似乎满有兴趣。

“她，是中国人。”瑞有点儿局促不安。

这次轮到我好奇了。“什么样的中国人？为什么也离了？”

“她是福州一家工厂的会计。这里一个中国朋友介绍我们认识的。”瑞的笑容消失了。“我一开始就推辞。她太年轻了，不适合。那时我已经六十岁了，她才三十几。我对她说，你想来加拿大，我可以帮助你，但你用不着和我结婚。可是她不听，说她很爱我……”

“后来呢？”我追问道。

“结婚后，她来了。我们在一起住了一年。但没那种事，我……我是不行的……”

“她对你好吗？”

瑞沉默了一会儿，才又张口：“她脾气很坏，摔东西，骂人，还动手打过我……”他的声音有些颤抖。

“噢，上帝！”坚毅同情地喃喃道，将手中茶杯在桌子上蹾了一下。

“她现在何处？”我问。

“那年圣诞节，我带她出席公司里举办的宴会。我的老板很喜欢她，夸她漂亮。我就赶紧离婚，撮合他们两人结了婚。现在，她住在我老板的庄园里，生活优裕，比跟我一起时幸福多了。”瑞说完，如释重负般松了口气。

我和坚毅，悬着的心也都松弛下来。“这世界就是不公平，”坚毅笑着说，“有人结了离，离了结，易如反掌。我怎么就总是碰不到倾心的人呢？”

我的思绪，依然沉浸在瑞多姿多彩的婚姻史中。心里疑惑，他为什么不吸取教训，再度投身于问题丛生的跨国婚姻呢？“你和南宁的女中医，是怎么认识的？”我终于忍不住问他。

瑞已从不甚愉快的回忆中恢复过来，笑着答道：“是从网上。我发出信息，寻找年纪相仿的中国女性交朋友。很快，有人就牵了线。”

坚毅问：“为什么你一定要找中国女性结婚呢？”她的脸有些微红。这也是我的疑问。

瑞吭哧了半晌，似乎很难作答。我替他解围，将球踢了回去。“坚毅，你为什么不学学瑞，也上网寻找一个意中人呢？”

她颊上的红晕，扩散到了脖子根，头一摆，嘴一噘：“我才不呢！那上面，会有什么好货色！”口气像个娇嗔的少女。

我哈哈大笑。这一对老年人，实在是质朴可爱！若是他二人能执手相视，该省去多少不必要的麻烦？凭心而论，坚毅即使到了这把年纪，依然魅力十足。她容貌端庄，身姿苗条。若论韵味内涵，怕是许多青春年少者也远远不及呢。

不能不信缘分之说。我的暗示，在两个老人那里，全无反响。莺莺红娘们那些中国式的把戏，人家根本不屑一顾。学期转眼就结束了，眼看着他二人互道珍重，挥手告别，恰似一出寡淡无味的长亭相送。

坚毅原本已联系好，暑期赴中国教英文。可是，仲夏的某个夜晚，我收到她发来的一封电子信，心情为之一沉。

亲爱的老师，我本应从中国给你写信的。然而，由于母亲的健康状况越来越坏，打乱了我远行的计划，不得不在家乡小镇度过了漫长而悲哀的夏天。我每日都去养老院看望母亲，协助护士喂她午饭。星期一晚上，母亲的病情急速恶化。接下来的九个小时里，我一直守候在她床前，直到凌晨三点，她生命的旅程最终结束。

母亲的离去，使我无法从难挨的痛苦中自拔。虽然她早已不能讲话，也辨认不出任何人，但她的存在，却对我意义重大。

读着坚毅的信，觉得自己的心在颤抖，眼睛也模糊了。

如今，我不得不重新调整自己，以便能够适应一种新的生活方式。从此不再需要匆匆开车赶路，不再需要坐在病榻前对着她茫然的目光述说心事，不再需要悉心整理她每周要穿用的衣服被褥。几天来，我常常会情不自禁地拎起提包，急忙动身去养老院，然后却猛然间意识到，母亲，已经永远地离开了小河对岸那片静谧的松林。

今天早晨在教堂举行了葬礼。在管风琴低沉肃穆的乐曲声中，凝视着母亲遗像上慈爱的目光，泪水蒙住了我的双眼。一瞬间，我领悟到了，应当如何来纪念母亲这九十年平凡而伟大的人生。

秋高气爽的九月，朴坚毅到北京去了。临走前，她把母亲留下来的菲薄的遗产全部捐献给学校，设立了东亚系中国研究专业的第一笔奖学金。数目虽不多，却表达了一个普通加拿大人对中华文化的一往情深。

那天在教室里宣布了奖学金申请规则后，毛太忽然敲响了我办公室的门。

“老师，我可以和你谈谈吗？”姑娘双眉微皱，一脸严肃。

我猜她是有心申请这笔奖学金，便指指椅子，请她坐下来。

毛太还没坐稳，便将几页纸递了过来，急迫地说：“老师，请你看看，有什么办法，能帮助我的朋友吗？”

细细读去，原来是一个中国女孩用英文写给毛太的求救信，大概怕表达不清吧，其间还掺杂着一大段中文。

女孩的家在湖南农村，父亲在与邻居的争执中，遭到殴打，却反被关押罚款，只因邻居是横行乡里的一个恶棍，且上下关系都通。女孩全家叫天呼地皆不灵，便寄希望于远在彼岸的洋朋友毛太能伸出援助之手。

“我已经给她寄去了一些钱，做她的活动经费，去法庭告状，但她来信说于事无补。那我该怎么办呢？”

“你那位男朋友呢？他有什么建议？”我记起了那个染着黄头发的上海男孩。

毛太摇摇头。“那不是我男朋友。我只是跟他一起学中文罢了。他看了这封信，也想不出办法来。”

沉默了片刻，我决定说真话。“你还不太了解中国的社会。像这种邻里之争、仗势欺人的事情，在中国司空见惯，不过是鸡毛蒜皮罢了。”

“他们竟敢这样吗？”毛太瞪圆了眼珠。“如果我发动群众，向有关部门提出抗议呢？”

“你？”我无奈地笑了一下，不知该说什么了。

“告诉我，老师！若是你家人遇到这种事，你会怎么办？”毛太忽闪着长睫毛，一对纯净的眸子一眨不眨地盯着我，急切地盼望着我能从哪里掏出灵丹妙药来。

我掂着那几页信纸，思索着对策。“这样吧，我看，你可以让你的朋友向更上一级的政府部门反映情况，同时也可求助于当地媒体。有了媒体的报道干预，至少会引起有关部门的注意，才谈得到下一步。”

毛太的眼睛一亮：“怎么和媒体联系呢？他们会理睬她吗？”

“让她多写几份申诉材料，同时发给几家报社。只要有一家肯登，就好办了。不过，她这封信写得不够好，应当重新写一遍。重要的句子，应当放在前面，无关紧要的枝节，也要删掉……”

“老师，你慢点说……”毛太一面问，一面慌忙翻出笔来，匆匆记录我的话。

“这里，这样改……” 我在信纸上指点着，却说不清楚自己的内心感受。

红枫遍野时，恰逢省里大选活动开始。那晚我去投票，赫然在竞选的议员名单中发现了毛太的英文名字。仔细看去，发现她是代表加拿大马列主义共产党参选的。明明知道她无望取胜，我仍然在她的名字下画上了庄重的一笔，给一颗纯洁的心些许道义上的安慰。谁知在几十万选民中，这不是唯一的一票呢？

寒风卷着雪花漫天袭来，小城上下银装素裹。校园里不见了毛太窈窕活泼的身影。听系里的秘书说，她打工凑够了一笔钱，到黄河上游做治理滩涂的义工去了。我心头一动，良久无语。

那天，有段时间没见面的瑞，突然打来了电话。他说已经买好了机票，准备前往中国，办理结婚登记。

临行前，他来到我的办公室，将一把崭新的二胡，郑重其事递到我手中。他说，已经卖掉了城里那座祖居三代的百年老屋，到中国后，很可能就在那里定居，度过余生了。这把二胡，留给我，权做纪念。

“我从来没有拉过，我不会……”他喃喃道。

“既然不会拉二胡，买它做什么呢？”我又好奇了。

瑞踌躇了一会儿，叹口气，眼睛呆呆地望着窗外被积雪压弯的樱桃树枯枝，轻声对我说，当年，在朝鲜的那场激烈战斗结束后，联军在清理战场时，他在中国军队尸体的最上面一层，发现了一个女兵。她面色苍白，乌黑的发辫上系着红绒绳，背上绑着的就是这种东西，腰间还系着两块微微泛光的竹板。多年后，在福州的商店里闲逛时，一眼看到同样的东西，就又想起了那个躺在蓝天下，瞪大了一双黑眸的年轻的中国姑娘。他把二胡买下来，带回加拿大，一直珍惜地挂在客厅墙上。

瑞走了。盯着他微驼的背影，帽子上颤动的红羽毛，我似乎猛地悟出，瑞为何总是想找中国女人结婚，以及为此锲而不舍，近乎赎罪式的孜孜追求。

“真的，”我的脑中蓦然又闪过那诚惶诚恐的申辩，“我没朝人开枪，我没有……”

（发表于二〇〇四年八月北美《世界周刊》）

勃兰特教授

勃兰特坐在沙发上，目光含笑，默不作声，看着大家闲扯。

“我真喜欢他哎！”翠香斜睨着勃兰特，凑到我耳旁，“你帮个忙，探探他的口气嘛……”

我瞥了勃兰特一眼，禁不住笑出了声。幸亏老头不懂中文。“别打如意算盘了！”我直截了当，断了她念头，“他老婆苏珊是英文系教授，我们认识几十年了！”

“他们的关系怎么样？有没有可能离婚？”翠香不甘心。她是南方人，细皮嫩肉的，三十八岁那年嫁到了温哥华。玩过、闹过、结过、离过，但从未生过养过，且眉眼又仔细涂抹了，奔花甲之人，看去倒似未及半百，高估了自己的魅力，也情有可原。

士别数载，翠香的品味确有长进。记得十五年前在温哥华初次相遇时，她迫不及待地捧出厚厚两本婚纱照来，给来宾一一翻看。与“娄阿鼠”登过记，也成了炫耀的资本。

今非昔比。阅尽人间春色，翠香已懂得了欣赏勃兰特。

老头虽年逾古稀，须发花白，但身材高大匀称，谈吐儒雅，目光睿智，一派学者风范。研究了一辈子世界宗教，身为《大英百科全书》宗教条目的编审，却是头一次踏上中国的土地。

我们二人合作，计划拍摄一部反映当代中国人信仰生活的教学片。长城、故宫、十三陵，自是少不了的节目。我没时间。恰逢翠香这几年陷入官司诉讼纠纷，与人争产，辞掉了温哥华发廊里的工作，常年居住京城，闲暇颇多，便托她代劳，陪同老头。谁知两日下来，她竟生出了爱慕之情。

翠香说，头天在故宫里，勃兰特站在一米多高的汉白玉石台阶上摄像，太投入了，结果一个仰面朝天，朝后跌了下来。翠香吓呆了，却见老头抱紧怀中的摄像机，一个侧滚翻，再一个鲤鱼打挺，端端地站起来了。围观的人皆惊讶，老大一把年纪了，没摔坏？老头拍拍衣襟上尘土，淡然道，我每周打两个小时篮球，保持了身体各部位的灵活性。

勃兰特的魅力，不仅在外表。钟情于他的，也不仅止于女性。

一周前，我和勃兰特在北京刚下飞机，又马不停蹄地奔往火车站，躺在老旧的卧铺车厢里摇晃了一夜，赶到塞外高原去采访。

清晨，火车停靠在雁门关外的古城。朋友接了我们，先到车站附近的小饭铺里，招待吃早点。粉条豆腐汤，碧绿的香菜末，鲜红的辣椒油，热乎乎的。

我吃得惬意，看勃兰特也很快活。问他习惯吗，他点头，说，在印度考察时，条件远不及中国。

汤喝完了，炸油条却剩下了大半。勃兰特向饭铺索要了一只塑料袋，将油条悉数装入，拎着走到门外，四下里张望。朋友发动了汽车，不解地看着他，莫名其妙。

我知道老头在寻找什么。时间尚早，街上没有乞丐的身影。忽然，一个衣衫不整的清洁工人推着垃圾车出现在墙角处。我连忙从勃兰特手中拿过塑料袋，把油条塞入清洁工人手中，客气地请求他收下。勃兰特含笑点头，大伙方一起登车，呼啸而去。

路上闲聊，勃兰特提起了近日家里发生的新闻。四十多年前，在多伦多大学读博士的时候，勃兰特领养了一个黑人女婴。女婴的父母年仅十五六岁。孩子一出世就被儿童福利机构抱走，并成为勃兰特夫妇的第一个孩子。女婴长大后，在纽约从事舞蹈教育工作。

四十岁那年她成为母亲，生下了自己的孩子之后，突然萌发出强烈的渴望，想要寻找自己的亲生父母。不出半年，私家侦探就找到了他们。原来，两个少不更事的年轻人当年分手后，过了七八年，又重新团聚，并养育了几个儿女，一直住在多伦多，从事演艺事业。

勃兰特兴致勃勃地描述着养女与她亲生父母团圆的细节，车子已经到了云冈石窟。两位朋友，一个作家，一个画家，与我和勃兰特一起，在屹立了千年的一尊尊佛像下虔诚地顶礼膜拜，拍摄留影后，便接着赶路。

日近正午，抵达边塞小城。稍事歇息后，副县长便领着几个随从，开辆越野车，带我们去寻觅残留在荒山野岭中的天主教堂遗迹。

愈往北行，气候愈冷。连绵不绝的沟沟壑壑，不见一星半点绿色，连挂着黄叶的低矮的树木，也寥寥可数。朋友说，记得我小时候，路边的河沟里是有水的，很清亮。行路时渴了，就用手捧着喝。不知怎么搞的，都断了流了。

终于，远远地看到了一座孤零零的钟楼，背负着苍茫的天空、残缺的汉代古长城，矗立在一片荒芜的黄土高坡上，庄严肃穆，万籁无声。

车子停在了山脚下。凛冽的寒风迎面扑来，似利刀割着肌肤。我穿着毛呢大衣，仍然冻得缩成了一团。越野车里携带了三件草绿色的棉军大衣，朋友递给我和勃兰特一人一件。副县长理所当然地披了一件，昂着头走了。

沿着陡峭的羊肠小道往坡上攀爬时，我听到推让的声音，回头望去，只见勃兰特把自己披着的棉大衣脱下来，裹在了衣着单薄、身材瘦小的勤务员身上。皑皑白雪覆盖的山岗上，草绿色的军大衣，异样地鲜活。

教堂早已坍塌，连砖瓦都未留一片。仅余下这座哥特式钟楼，默默俯瞰着脚下的黄土。高寒地带，没有水井。我们在沟壑底部，寻觅到一方用镢头挖出的储水窖。

百多年前，一个意大利青年独自来到这里，靠着积存在窖里的雨雪，支撑着他，一砖一瓦，盖起了这座教堂，并熬过了一个又一个春夏秋冬。他早已离开了人世，但方圆几十里的村民，却都皈依了主。朋友说，每年秋季，逢到那个传教士生日这一天，就会有一批人从遥远的欧洲万里迢迢，赶到残存的钟楼前缅怀凭吊。

勃兰特的眸子里闪动着压抑不住的激情，和我端立于钟楼前，合影留念。得知山岗下的小村落里如今还居住着一位中国神甫时，勃兰特执意要去采访他。

车子颠颠簸簸地驰入村巷，只见猫儿狗儿跑来跑去，三两个妇女儿童站在土坯房前瞧稀罕，却寻不到胡神甫的踪影。听说，他也和村里的男人们一样，骑着自行车去城里打工了。

依着勃兰特性子，是宁愿在农家土炕上盘腿而坐，等待胡神甫星夜归来的。但众人早已不耐烦，站在狭窄的村道上，跺脚，吸烟。他只好客随主便。

掌灯时分，车子开进了乡政府大院。干部们倾巢出动，围满了一张大圆桌。几个年轻姑娘穿梭而行，从厨房端来一盘盘荤腥，又在每人面前放了一碗热气腾腾的红烧羊肉，杯中斟上了白酒。

听到朋友高声发问，“是照我说的法子拾掇的羊肉吗？一定要那样子弄法，才好吃哩！”我猛然想起，早上在车里，听到朋友操着当地方言给人打电话，细细叮嘱，似乎是教人烹调妙法。难道说，因为我们的到访，竟专门杀了一头羊？羊为我死，实乃罪过。它本可继续在蓝天下悠闲地嬉戏、吃草、生儿育女的。

见我不碰碗中羊肉，副县长提高嗓门劝道：“它嘛，早晚也是个死。能为你献身牺牲，也是它的光荣哩！”

桌上的人都笑。勃兰特不明白，但也礼貌地陪着笑。我却笑不出，不仅是因为联想到一条刚刚丧失在屠刀下的鲜活的生命。也许我过于敏感，但我注意到，方才端着盘碗进进出出的那几个年轻姑娘，自始至终，颊上未有笑意，眉宇间隐隐透露的，分明是不屑与鄙夷。

宾主吃喝得兴浓，开始猜拳行令。面红耳赤，声浪迭起。勃兰特虽滴酒未沾，却宽厚地看着微醺的人们，并在热情的催促之下，低声吟唱了一曲美国西部的民歌。

立于黑漆漆的院落里，望着天际上稀疏的星斗，听着远处传来的几声狗吠，我心中一片迷茫。

想起了从北京机场奔赴火车站的两个多小时里，高速路两旁鳞次栉比的高楼大厦以及勃兰特的感叹：连绵不绝，眼花缭乱啊！世界上任何地方，也未见过如此景象。

回到京城之后，收到朋友发来的短信：“与你们相处短短两日，学到了很多。那是一种无法言说的感觉。”

勃兰特呢？行色匆匆，神州会给他留下什么印象？

“他不是宗教专家么？你告诉他，我也是基督徒，在温哥华受的洗，都十多年了。”翠香还未死心。身经百战，手艺高强，她不信拿不下一个古稀老叟。“哎，老头的年薪，至少也得十几万吧？”

我摇头。正像我不懂得翠香们一样，翠香也不懂得勃兰特。

路尚遥远，但大家终究会互相懂得的。

（发表于二〇一二年十月北美《世界日报》副刊）

罂粟花下 藏兵洞

蒹葭苍苍，白露为霜。中秋前夕，赴法国北部出差，盘桓数日，颇长见识。

欧陆历史绵长久远，触目皆是千年掌故，与北美差异之大，自是不言而喻。两相对比，后者得上天恩赐，仅在自然风光上胜出一筹罢了，别无所长。

小城阿拉斯，旧译阿哈斯。鹅卵石铺就的广场坑坑洼洼，在霏霏细雨下光滑闪亮。灰褐色的教堂巍峨庄严，俯瞰着脚下鳞次栉比的绿窗红瓦。钟声敲响了，铿铿锵锵，穿透曲径通幽的小巷，在耳旁久久地回荡。

小城人引以为豪的游览胜地，当属城下星罗棋布的“藏兵洞”。步入雕饰精美、古色古香的市政厅大厦，绕过宽阔的前堂，便钻进了一条乱石凛立、阴暗潮湿的隧道。

隧道始建于公元九世纪，掘入地下二十米之深，长达数十公里，纵横交错，四通八达，俨然一座地下城。担任导游的法国女郎俏皮地笑着考问，小城的象征物是什么？无人回应。女郎道出了谜底：老鼠。

据说，开凿隧道的初始目的，是为了获取石料作为盖房建材。几百年之后，这块平原发展成欧洲的粮食集散中心，人口逐渐增多。为防城市塌陷，十二世纪时，开采停止了。隧道便被分割为一块块，改作商家与居民的储藏室之用，囤积谷物、葡萄酒等商品。

然而，第一次世界大战爆发之时，这座位于法国北部边陲的小城，恰恰处于兵戎相见的主战场中心。于是，隧道的使命再次变迁，从而在人类军事史上留下了不可磨灭的浓重一笔。

战火燃烧了两年之后，从一九一六年开始，小城里出现了一批来自新西兰的岩洞开凿者。他们对外声称，要把古老的地下隧道改建为艺术品陈列馆。就这样，犬牙交错的层层隧道被凿通之后，连接为一体，并秘密地延伸到德军的阵地之下。

按照计划，一列又一列火车在夜幕的掩饰下，源源不断地驰入小城，从全世界各地，悄悄运来了数不清的英联邦士兵，有的来自英伦三岛，有的来自澳大利亚和加拿大。这一条条遍布城下的古老的隧道，就变成了神秘的藏兵洞，隐蔽了三万多名在暗中摩拳擦掌的士兵。

一九一七年四月九日凌晨，神不知鬼不觉地，数万名英军从几米开外的地下突然冒出，奇袭德军阵地，打响了著名的阿拉斯战役。该次战役持续了三十九天之久，直到五月中旬。其惨烈状况，从双方军队高达十六万、平均每日四千多的伤亡人数，到小城百分之八十的建筑物均遭战火焚毁，便知端倪。

小城藏兵洞之曲折复杂，相较于南京城中华门内那排笔直宽阔的藏兵洞，决不可同日而语。如无导游带领大家上攀下旋，峰回路转，恐怕就如入迷宫，进去容易出来难了。

隧道里的灯泡半明半暗，泛着幽幽的青光，照亮了渗着水滴的岩壁，还有残留着战地炊烟的灶坑遗迹，也照亮了悬挂在玻璃框中的几幅陈年旧影。一张张英俊中夹着稚气的脸庞，从岩壁前粗糙简陋的木架床上伸头探脑，朝着镜头微笑，似乎浑然不觉，死神的翅膀已在头顶无声地盘旋。

玻璃框内，半页发黄的英文剪报吸引了我的目光。消息提及，小城人欢欣雀跃，感谢大批援军从天而降，其中还有整整四个师的加拿大士兵并肩作战，击溃敌军，胜利在望。

蓦地，我脑中闪过了一片鲜艳欲滴的罂粟花，伴随着朗朗的吟诵声，在隧道里嗡嗡回响。

在弗兰德丝的战场上，

罂粟花随风飘荡，

装点着坟前的十字架，

一排排，一行行。

这里，是我们长眠的地方。

云雀依旧在蓝天下勇敢地飞翔，

尽管枪炮声淹没了它们的歌唱。

我们是阵亡者。可瞬息前还活着，

感受过黎明初露，观望过日落时的霞光。

曾经热爱，也被人爱过。

然而此刻，却静静地躺在大地上。

挺身而出吧，从我们僵冷的手中接过火炬，

让它继续燃烧、发亮。

倘若你违背了誓言，

我们将难以瞑目，

纵使弗兰德丝的田野里，

罂粟花遍地开放。

这首诗写于一九一五年，在加拿大家喻户晓。它的作者，是以军医身份前往欧洲大陆参战的加拿大学者麦克雷中校。在一次战役结束之后，他亲手埋葬了朝夕相处的伙伴，凝视着盛开在十字架间一丛丛野生的罂粟花，灵感如泉，随手写下了这首不朽的诗篇。

三年之后，麦克雷中校也永远地长眠于异国他乡这片土地上了。此后每年深秋，万木萧疏的日子里，大洋彼岸的枫叶国街头，便可见到胸前佩戴着一朵朵鲜红罂粟花的人们走过，默默祭奠那些在战火中凋殇的英魂。

麦克雷的家乡贵湖市，离我居住的地方近在咫尺，我曾多次探访。而他浴血捐躯的弗兰德丝战场，与我此刻身处的法国小城也不足百里之遥。

今日的阿拉斯，人口不过五万之众。小城郊外，阡陌田野上，密密麻麻坐落着成片的坟茔，埋葬了近四万名无家可归的英联邦士兵。

弗兰德丝的罂粟花在我眼前纷纷飘落，我读出了诗人厌恶战争、渴望和平的悲凉与苦衷。

旧大陆历史繁杂，小城并未成为旅游热点。除了同来开会的人们，街上几乎不见华人踪影。中餐馆倒是有两三家，皆为温州人所开。接连吃了几日西餐，浑身不适，傍晚寻到中餐馆里，请老板做碗汤面，嘱他多加青菜，不要肉。答曰，此处青菜比肉贵，因从远方送来。便说，只管用罢了，多加银两。结果，一碗青菜汤面，支付了十二欧元。

饭毕，踩着脚下湿漉漉的鹅卵石，穿越雨果广场，转入一条狭窄的陋巷。收了伞，抬眼便见一座高大厚实的木门。年代久远，紧锁的木门油漆剥落，早已难辨颜色。趴在门缝上窥探，依稀可见满目疮痍，断壁残垣。门旁铭刻的铜牌标示着，这里曾是罗伯斯庇尔的故居。

在小城博物馆里见过他年轻时的肖像，出乎意料地温文尔雅，目光中蕴含着几分憧憬、几分羞涩，一派通情达理的书生模样。这位燃起了法国大革命烽烟的政治家，曾带领群众处死了上万名革命的对象，最终，自己也惨死在革命者垒砌的断头台上。两百多年过去了，风云变幻，潮起潮落。后世的人们依旧对他的历史功过莫衷一是，难以论断。

恍然间想起了鲁迅的警句：“革命，反革命，不革命。革命的被杀于反革命的。反革命的被杀于革命的。不革命的或当作革命的而被杀于反革命的，或当作反革命的而被杀于革命的，或并不当作什么而被杀于革命的或反革命的……”透彻得令人心悸。

聊以自慰的，乃先生的另一句名言：“唯独革命家，无论他生或死，都能给大家以幸福。”

为战争奉献出宝贵生命的人们，亦如是之。

君不见罂粟花鲜红似血，年年秋风四起时穿街过巷地飘荡。后来的人们，也才能坐于小巷深处，安然地品味着可口的青菜汤面。

（发表于二〇一三年十一月《世界日报》副刊）

大雁与乌龟

通往花园的玻璃门上，赫然出现一张纸条：大雁夫妇孵卵，行人切勿打扰。

数年前，校园的楼群间辟出了小小一隅，冠以“东西方交汇花园”，园中栽植了代表着大洋两岸的植物，如牡丹、翠竹、樱花、红枫等，并逐年增添了颇具异国情调的小桥流水、拱门路灯。

探头望去，果然看到了卧在小溪旁草丛中的母雁，端端地，静静地，据说已持续多个日夜了。她的伴侣则高昂着颈项，警惕地守望在花园小径上。见有人推门而出，便鼓起双翅高声吼叫，发出警告。傍晚时分，也许是肚子饿了，需要觅食，只见母雁从身上撕扯下一根根羽毛，覆盖在五颗拳头大小的卵上，遮蔽严实了，方才与公雁一同离去。

早已听闻过大雁伉俪的忠贞不渝。一只死去，另一只会守候哀号，直至气绝而亡，堪称货真价实的“从一而终”，徒令人类羞惭。前年回国，去终南山采访，楼观台的道长对我坦言：道家修行者虽不忌口，却有四种肉类不食，其中就包括大雁。

曾在上班途中，数次遇到车辆紧急刹车，为过路的雁们让路的情形。某次停在前面，得以近距离观察过一次全家出行的阵容。只见母雁带领着五个毛茸茸的稚龄儿女，排成一行，蹒跚穿越街道。公雁则雄赳赳地立于路中央，显然在防备着身前身后的不测，直到最后一只小家伙跌跌撞撞地攀爬上便道，公雁才结束了自己的护卫，匆匆追赶上队伍压阵。

家居后院临湖。柳叶初萌时节，有幸观察到大雁夫妇在春阳下训练儿女游泳、捕食的场面。

小雁们初次下水，兴奋地吱哇乱叫，颇有不知所措之憨态。一只，不知是否父亲，一头扎入水中，扬起头，抖落水滴，再次扎入，再次扬起，似乎在耐心地示范孩子们如何完成标准的潜水动作。另一只，大概是母亲吧，吭吭吭不停叫唤着，前后打转张罗，好像在维护秩序，鼓励胆怯不前的，指责调皮捣蛋的。

几番喧闹，几番嬉戏，不知何时，小雁们已绒毛褪尽，出落成青涩的半大丫头和小子了。秋风四起时，只见高空中掠过一队队雁阵，朝南天长啸而去，余音袅袅，再也分不清张三李四，子丑寅卯。着实纳罕，春来秋往，雁们是如何辨识所爱，恪守心灵中那一方圣土的呢？

观望大雁的生活，除却惊讶，更多的是感慨。幼年时头次读到“呆雁”的字眼，出自林妹妹讥讽她宝哥哥时的比喻。人类自谓智慧超群，统治宇宙，焉知大自然中万物有灵，孰能分清尊卑高下？

十几年前的春天，刚刚迁入新居时，后院尚未铺上草坪。某日清晨，忽然发现一只脸盘大小的乌龟，悄悄地趴在后窗外的泥土地上，一动不动。虽然不明原因，我却担心惊扰了它，便和孩子躲在窗后，默默观看。

半个时辰后，乌龟缓缓离去了。儿子好奇，想一探究竟。他拨开虚掩在表层的浮土，发现了大约一尺深的直洞，洞底横向又是一洞。儿子伸入小手，掏出了一颗乒乓球大小、圆溜溜的乳白色的东西。原来是母龟产的卵。一颗接一颗，很快，黑色的土地上，摆满了一片。儿子欢欣雀跃，向我报告：“妈妈，我数了，一共是46个！”

铺草坪的工人不日内就会到来。担心机械会损伤这些龟卵，自然不能把它们留在洞里。我找来一只塑料桶，和儿子一起，一层土，一层卵，覆盖好之后，拎到湖边，藏在密密的灌木丛里，只盼日后破壳而出的小生灵们能迅速找到栖身之地，自由自在地享受日月天光，也不枉了母亲辛苦孕育它们一场。

数日后，朋友来家做客，听了我的描述，失声笑道，“你真傻啊，龟蛋可是大补的东西哇，养颜润色，益寿延年呢，你连这个都不知道？哦，你把它们放到哪里去了？”

看着她精明的眸子四下里乱照，我愣了一下，决定还是实话实说。“我的确不懂什么补不补的。想到那只乌龟妈妈先掘个直洞，再用尾巴掏出个横洞，最后还小心翼翼地盖上浮土遮掩，折腾了好几个时辰，用心良苦，就是为了保护她的孩子们，我就觉得人类的贪婪实在是可憎！商店里的鸡蛋很多，你去那里买来补嘛！”

（发表于二〇一四年六月《世界日报》副刊）

补记：

这篇文章发表后不久，在美国读书的儿子毕业了，回家住了短短几日，第二天便要启程，远赴哈佛大学，进入博士生项目。

头天下午，正在为孩子整理行装之时，先生偶然朝窗外望了一眼，发现一只脸盘大的乌龟，正从街道对面亦步亦趋，横穿马路，朝我家爬来。他觉得有趣，同时担心乌龟会被路过的汽车碾压，便叫我一同守护观看。眼瞅着那只乌龟缓缓爬过马路，又爬上了我家的停车道，然后沿着房子侧面溜进后院，穿过草坪，入了花坛，便滞留在里面，来回打转，似乎在寻找什么。

十多年来，这是我们第二次看到乌龟造访，倍感新鲜。注意到乌龟背部的那层暗绿色苔藓，我意识到，它应当是这一带的老居民了。突然，我脑中闪过了多年前的那一幕景象，心中一动。难道说，是那只产卵的母龟回来，寻找她的孩子们吗？唉，十几年过去了，你怎么才回来？你的孩子们，恐怕早已流落他乡，跑到天涯海角了。哦，不，不对。蓦地，我醒悟到了什么，于是赶紧离开花坛，朝着楼上的窗口喊叫，让儿子迅速下来。“还记得那只乌龟妈妈吧？她大概知道你要走了，赶来给你送行呢！”

儿子不忍拂我兴致，微笑着下楼，到花坛前朝母龟摆了摆手，便转身离开了。

说来也奇，那只母龟随即爬出了花坛，朝着院子后边的小湖爬去。它却没有料到，那里早已竖起了一道金属网，阻隔了它的通路。

一直在旁观看的先生，赶紧趋上前来，开启了院门。眨眼间，母龟的身影就消失在湖畔茂密的灌木丛中了。

人之欲

中秋在即，海外华人商量聚餐，要求参加者准备一道最拿手的“美食”来。通知中预告，某人将携带一只烤乳猪，与百人分享，博得网上一片欢呼。

细细琢磨，发现自己竟想不出什么值得留恋的美食来，不知是否该引以为憾。

对美食的欲望，本也是有的。记得一九八七年刚到加拿大留学的时光，奖学金加上助教金，其实够我花用，但生性节俭惯了，每每克制住欲望，对小城华人超市里的豆腐、鱼虾，瞧都不瞧一眼。

货架上的芥蓝、茭白、苦瓜、蕹菜水灵灵的，令人垂涎，我却经年累月只光顾洋人餐桌上常见的大路货，往菜篮里捡拾些笨头笨脑的洋葱、土豆、胡萝卜。图个便宜。

正因如此，后来的岁月里，当我能够随心所欲地挑选曾经不可企及的鲜嫩碧绿的细菜、拿回家在炉火上烹炒时，心头那份快乐与满足，是不言而喻的。

前些日子，偶然读到一篇文章，作者述及他与京城纨绔子弟的交往。衙内们也颇为苦恼，深感人生既无趣且无聊。人间各等美色，都“玩腻”了。砸钱便唾手可得的诸般新鲜花样，吃喝玩乐，也早已厌倦。活在世上，没个念想，岂不郁闷?

对比之下，突然悟到：幸福的心境，并非来自对奢侈豪华的占有与挥霍，而实在是源于对平淡生活之向往与追求。可望而不可及，方生活力。

还是谈吃吧。据说，人，乃世间最为残忍的动物。别的动物，食草也罢食肉也罢，仅为食物链上的一环，有选择地生存，鲜少跨界胡来。人呢，上天入地下海，无有不取的，何来食物链概念?

我曾陪同我们的校长，一位标准的西方绅士到北京开会。主人设宴殷勤款待，并礼貌地询问校长，有何忌口之物。校长认真地回答，“我多次来中国，早已习惯了餐桌上出现的各种食物。如今，除了狗肉，我什么都能接受。否则我回到家中，将无法面对我的爱犬。”

众人皆笑。我也笑。虽然觉得他的回答有趣，但我从未饲养过宠物，因此并未真正理解那份情感。直到前两年，偶然读到了一篇宁夏作家郭文斌的散文，才引发了我对进食的思索。

文中写道："一次，我在公园里听两位女性聊天，其中一位说，她有一年到乡下支教，住在一个老乡家里。老乡为了感谢她，硬要给她杀羊。当老乡从羊圈里抱了一只羊羔往外走时，乳羊像是知道将要发生什么似的发疯地阻拦。可是羊羔终究被老乡带离羊圈。只见被关在栏内的乳羊拼命地撞击圈栏。当羊羔在老乡刀下的叫声渐渐弱下去的时候，那只乳羊停止了冲撞，呆呆地站在那里，头上流着血，嘴里喘着气，脸上的表情让人不敢也不忍去看。她说，那是她有生以来从未见过的一种表情，比绝望还绝望，比无奈还无奈，比悲伤还悲伤。她说，她当时从未有过地想念孩子，恨不得立即回到城里，回到孩子的身边。当羊羔肉端上来时，她觉得那不再是一盘羊羔肉，而是一个母亲的眼神，让她不寒而栗，更不要说动筷子了。"

读罢文章，首先的念头是：她为何不夺下屠刀，把小羊羔还给可怜的羊妈妈呢？接着便想到，即使她救下了一只小羊羔，她走后，谁去救更多的小羊羔呢？此外，还有牛犊呢？猪崽呢？难道它们降临世间的命运，就是为了任人宰割吗？

事后，偶遇一来自草原的蒙古族同胞，忍不住探询：牧民与天真可爱的小羊羔朝夕相处，如何举得起屠刀下得去手？

答曰，我们亦有信仰呢，并无精神负担。牛们羊们，是来还债的。早死早托生，下世转为人，便离了苦海。

听罢摇头。实难苟同。人哪，只爱自己。垂垂老矣，百病缠身，也要费尽心机挽留住生命，却无视其他生命，无论年轻的，抑或不年轻。

毋庸赘言，自那之后，每每看到餐桌上摆出的肉食，无论装扮得多么美艳诱人，我却总会看到羊妈妈那悲痛欲绝的眼神。做过母亲的人，都懂得的。

行文至此，我必须坦诚交待。今天的我，仍未变成彻底的素食者。某些肉类，我能够较为坦然地入口。我选择的，在我看来，是那种母亲虽然生育了孩子，却不懂得为孩子欢喜或忧伤的种类。

我明白，偶发感想，便可能败了众人品尝“烤乳猪”的胃口。也许在不经意间，还坏了某些行当的进项，也未可知。但我拿不出大多数人期待的美食来，深感无奈。

（发表于二〇一三年十一月《中华读书报》）

终南山下

春夏之交回国旅行，是桩惬意事。参加完南京大学的 110 周年校庆后，就匆匆赶赴西安，陪同勃兰特教授，采访拍摄一部介绍当代中国文化信仰生活的教学片。

一到古城，便接受了瓢泼大雨的洗礼。前来迎接的朋友笑着打趣，贵人出行，风雨随行。看看身旁的勃兰特，想到他是负责《大英百科全书》世界宗教条目的编审，也当得起贵人了。

连续两日阴雨之后，迎来了阳光明媚的清晨。大家兴致勃勃驱车西行，去探访终南山下的楼观台。据说那里仍保留着两千多年前老子撰写《道德经》并讲经传道的遗址。

站在宽阔的现代风格广场上，眺望周遭华丽夸张的仿古建筑，不免有些失落，连连催问陪同的道长，请他引领我们去瞻仰真迹。一路上行，看到了几株有来历的古树与石头，却终因缘浅，未能踏足被围起来修缮的古楼观遗址一饱眼福。

见了几位道长，奇怪怎么大家的形神举止皆似出自一个家族的亲戚？朋友解释说，道教崇尚自然，不修边幅，不刻意打扮，若与前日城中所见的佛寺方丈满面庄严的神态大相径庭，也就不足为奇了。

午后，道长带我们去大陵山吃农家饭。伴着叮咚的山泉品尝红烧鹿肉，道长也不忌口。见我疑惑，便说，道家仅有四种肉不食，且都有讲究。牛耕田，狗看家，羊跪乳，雁忠贞。

饭罢下山，路边赫然闪现出老子墓。道长说，当然是真迹，否则何以叫大陵山呢！下车细看，除了一座刻有清代皇帝手迹的碑石外，没有任何装饰，质朴得令人折服。也不见游客踪影，冷清得令人起敬。

我信。勃兰特却怀疑，说，正如耶稣的生死传闻是永恒的争执一样，老子的陵墓，甚至包括老子其人的真伪，也难以证实。说归说，他依然踩着泥泞的水洼，端立在陵前，拍了几张存照。

勃兰特早已读过首批来长安觐见唐太宗的基督徒史料，自是企盼着亲睹“大秦寺”风光的历史时刻。远远望见耸立在终南山缓坡上的宝塔，他急切地迈动起一双长腿，穿行于麦田小径间。脚步刷刷扫过，成熟的麦粒纷纷洒落在松软的黄土坡上。

气喘吁吁地来到塔前，却见树荫下围坐了几个穿褐色僧袍的男女，嘻哈说笑着剥豌豆。这不是基督教的塔么?

男女们抢白说，啥基督教?是俺们佛教的塔，天天跟他们吵哩!

朋友说，某日她独自上山，被男女们拦住，缠着要她捐献，声称已聚敛了几十万用来修庙。钱去哪了?无人知晓。

陪同的学者悄悄道出内幕。据说，这些男女是附近村庄游手好闲之人。几年前，大秦寺被文物局确认为基督教传入中国后的发源地。但遭到佛教徒抗议，引发了争斗。便来了些男女，在寺前盖了座土坯房，驻扎下来，用破布蒙上了塔中有高鼻深目卷发形象的壁画，又搬入几座佛像，硬说此寺是佛教圣地。干扰太强，文物局无奈，已经挖掘出的地宫和大殿遗址，只得重新填平作罢。

勃兰特听了，倒不惊讶，说，文献记载，十四世纪时这座寺庙已被佛教徒占用，如此这般，也情有可原。

秦川大地肥沃，争者便多。蓦地想起了去冬与勃兰特的雁北荒原之行。那日顶着腊月寒风，身披绿色棉军大衣，驻足于荒凉萧瑟的汉代古长城脚下。山坡上寸草不生，教堂早已坍塌，仅留下高高的一座钟楼，背衬蓝天，俯瞰着脚下无垠的黄土。没有水井。仅有沟壑底部一方用镢头挖出的储水窖。百多年前，那个意大利青年靠着积存在窖里的雨雪，支撑着他一砖一瓦地盖起了这座教堂。他早已离开了人世，但方圆几十里的村民，却都变成了天主教徒。得知钟楼下的小村庄里如今还有一位中国神甫时，勃兰特坚持要去采访他。村巷里人烟稀少，只有狗儿跑来跑去，却找不到神甫，听说他也去城里打工了。

离开大秦寺后，接着往山上爬，去探访一个隐者。他住在半山腰一座废弃的牛圈里，与蛇鼠相伴，以野菜果腹，离群索居已十三载。隐者眉目不清，似乎缺少睫毛与牙齿。说是曾出过车祸，醒来后基本丧失了记忆和身体功能。又说曾给某大国企做过三年助理，整日操办卖官鬻爵之事，厌恶至极。

四壁漏风的土房中有座木架，摆满了文史哲。他说，六岁时便在家中习棋琴书画，读过四书，但未涉五经。隐居，终可潜心诗书了。没有收入来源，却有素不相识者源源不断地捐助。带我们来的朋友，几年前偶尔发现了他，此后便常背着半袋米、几束挂面、一瓶香油，送上山来。

东边的山峦上，正在大兴土木，造一座巨宅。推土机辟出了一条蜿蜒山道，恰能容一辆汽车颤巍巍通过。西边的山沟圈起来了，打造成大熊猫基地。站在高处下望，八百里秦川郁郁葱葱，色彩艳丽的庙宇星罗棋布。清静的日子，似已难求。

“举世誉之而不加劝。举世非之而不加沮。定乎内外之分。辩乎荣辱之境。斯已矣。”临别时，隐者以庄子句相送。

下山后，见道旁有卖杏子的小贩。朋友说，她认识一个老农多年了，年年去他的果园里采摘，帮衬则个。说着，便拨手机与老农相约。

小车转入村中，却见道旁一片废墟，几乎不见完整的房舍。朋友惊诧旧地面目皆非，转来转去，遍寻不见熟悉的屋宅。在路人指点下，才终于找到了浓荫遮蔽的杏园。

花椒树密密围着的果园里，肥硕的红杏压弯了枝头。迎面走来一个黑瘦的老汉，拉住朋友的手，未曾启口，先哭出了声。“唉，我心里实在难受啊！杏园要没了，你说咋办啊！”

某集团公司要打造什么文化项目，八百里秦川的沃土就一片片圈起来了。村中房舍全遭毁弃。老汉三十年前亲手栽种的六十棵杏树，不日内也将被乱斧削平。不错，拆迁者给了他一套距离很远的公寓房做补偿。“可我是农民，没了地，咋活呀？”

村里有人抗议拆迁，门前就聚集了二百多条大汉，黑压压一片，手执棍棒。怎不去政府那里告状？“有几个去告过，后来都被人偷偷拦住，在河畔上，差点打死。”

他快七十岁了，贫农出身，读过四年小学，识字不多，但天天听新闻广播。年轻时担任过村主任。问他今昔对比，愣了一阵才说，毛主席那个时候，好处是社会稳定，不好的是日子穷；现在有吃有穿了，却整日为拆迁提心吊胆……

看着老汉忧愁的眼神，却无法安慰他。朋友说，她不是没跟上边反映过，但无济于事。

小车碾过村道上的碎砖烂瓦，颠簸着离去。勃兰特举起相机，对着后窗。回头望去，可见大秦寺的千年古塔沐浴着夕阳，孤零零伫立在山坡上。

（发表于二〇一二年九月北美《世界日报》副刊）

返航

中秋前夕，应侨联之邀，赴京数日。行程虽短，活动却丰富紧凑，且充满了惊喜与讶异。

头天参观了位于城南闹市的湖广会馆。百多年前，孙中山先生曾在此地组建国民党。坐在历经沧桑、装潢一新的老戏台前观摩《霸王别姬》《三岔口》，冥冥之中，总感到有一双双眼睛，从四壁、廊柱、顶棚间，投来无言的关注。

第二天上午，适逢孔子两千五百六十三年诞辰纪念日。有幸与来自各界的代表，同往国子监，参加了几年前才开始的祭孔活动。

那日，京城的天空一扫阴霾，湛蓝如洗。初秋的阳光温煦明亮，透过古柏枝叶，洒在一排排端立于庭中的祭拜者身上。空中响起了琅琅童声，百名学子齐声背诵的《论语》，清脆悦耳，似来自远古的呼唤，招回千年的企盼。大殿里传出了献祭的钟乐，声声令人颤栗，将我的思绪带回了七十年代的某个冬天。

那一年，神州大地开展了一场轰轰烈烈的“批林批孔运动”。我当时年仅十八岁，任职于海军某部。全团上下一千多人，我是唯一对“批孔”发出了疑问声音的人。“毛主席不是说过，对任何事物都要一分为二吗？为什么对孔子就不能一分为二呢？”

为了我这个天真或者说愚蠢的问题，我被指控为“试图为孔老二翻案的人”，承受了批判与诋毁，遭到群起围攻和孤立打击。连小偷和流氓都被纳入的“共青团”大门，却拒绝对我敞开。

然而，即便在那种悲哀的岁月里，我也固执地不肯相信：难道人人都会泯灭良心，趋炎附势？难道这个世界会永远拒绝坦率与真诚？

几十年后，在异国他乡的土地上，极其偶然的情形下，我被任命为“孔子学院”的院长，担负起在海外传播中华文化的重任。心中不免惶然：难道圣人真有在天之灵？

十月一日傍晚，载着欣慰与满足，登上了归程。在登机口被告知，因累积分数颇多，得以免费升舱的优待。心下又是一喜。在头等舱里安顿好，打开朋友的赠书，埋头阅读。只等十三个小时后航班抵达多伦多，便可顺利结束此行了。

岂知，起飞一个小时后，扩音器里传来了英法文的通知，在乘客中寻求医护人员。显然是有人患病。又过了一个小时，扩音器里传来了机长沉稳的声音：由于机上一位乘客患病，情形严重，不得已，决定返航。这是一个艰难的决定。希望全体乘客谅解。

已在空中飞行了两个多小时，却要返程。这一决定，无疑打乱了机上三百多乘客的旅行安排。然而，周围没有人抱怨。嗡嗡的空气中，能嗅到克制与镇静。

又是两个多小时过去了，飞机在北京机场降落后，上来了几个身穿白衣、携带救护器材的医务人员。少顷，便见一个身材瘦小、年纪约莫六七十岁的中国老者，跟在医务人员身后，从后舱穿过中舱，又穿过前舱，在众目睽睽之下，被带下了飞机。

“他看上去挺好嘛！”邻座的几个洋人悄声议论。更多的人则沉默不语，等待着重新起飞的时刻。

未料机长却宣布：由于机组人员不得超时飞行，当晚全体乘客必须在北京机场附近的酒店过夜，翌日午后方予启程。

话音一落，机舱前后就像炸了锅，骂声四起，且都是国骂。“该死的老ＸＸ头儿！没病装孙子，想混个免费的商务舱，害了所有人！”

连忙打通手机，联络亲友，紧急安排了替我代课的老师，便拎了行李，随队伍鱼贯而出。走到升降梯旁，只见那位老者蜷缩着瘦小的身子，低头垂首，蹲坐在玻璃窗下。乘客七嘴八舌，有的盘问，有的指责。他招架不住，勉强抬起头，可怜巴巴地争辩道：“别怪我呀，我也不愿意飞回来啊！”

待到三百多人都安排入酒店下榻，月已西沉。第二日的早餐桌上，丰盛的中西食品未能消除乘客们腹中怨气，话题依旧围绕着是否应当返航这个主题唠叨。

据说，那老者是头次乘坐飞机，前往加拿大探视儿女。起飞不久他便嚷嚷腹痛。机上找来的一位洋人医生为其诊断后，估计是胃溃疡引发的内出血。若飞完十三个小时全程，自有冒险因素在内。机长踌躇再三，终做出返航决定。然而，返航途中，老者服下洋医生的药片后，疼痛减轻了，下机时竟与常人无异，遂引致众人愤怒谴责之。

“真正是个老不晓事的！”说话者是位老年妇女，带着两岁的孙女同行。“上了岁数，谁没个病啊痛啊的。咱们中国老人，都是能忍就忍，决不肯给别人添麻烦的。唉，偏偏碰上这么个家伙！”

有人说：“听那老东西操着一口河南腔，河南人嘛，爱作怪！”

又有人说：“瞧那土头土脑的德行，不是文盲，也是个傻帽儿！”

也有人摇头撇嘴：“他可不傻！不光想混个头等舱，没准还想到加拿大去申请难民呢！”

几乎所有的同胞都赞成：这个加拿大机长也是傻帽儿。

午后，终于重新登上了飞机。打量邻座，仍是前日那个须发斑白的环境学教授。忽然想起，自始至终，还没听到哪位洋乘客对此事发过什么牢骚，他们究竟怎么想呢？便好奇地探询。

"机长的决定是正确的。"老教授点点头，面容严肃。"返航，的确影响了三百多人的行程安排，甚至会使某些人失去了赚钱的机会。加拿大航空公司不但要承受抱怨，要多支付燃油、工资，还要承担几百人在五星级酒店的费用。因此，加航的损失更加巨大。然而，如果不返航，失去的，可能就会是一条生命。为了挽救一条生命，我们所有人的付出与牺牲，都是值得的。"

我哑然无语。返航的代价，无疑是沉重的。然而在沉重的后面，是人类赖以生存的爱与勇气。

（发表于二〇一二年十二月北美《世界日报》副刊）

我遥远的故人

我在遥远的北国，得知了你远去的消息。

天，灰蒙蒙的。没有一丝日影。雪花悄悄飘落在冰封的湖面上。静谧的小区，一如既往地安详着。这里，无人知晓你的名字，也无人理解我的悲伤。

仰慕的种子，几十年前就深埋在心的田野里了。那时还年轻，乌黑的长发在风中飘拂，骑一辆红色自行车，轻盈地飞驰在京城上下。多年后，在我的第一部中文作品、长篇小说《嫁得西风》中，曾经袒露过那颗从未萌芽的种子的心声。

她偶然读到了一个短篇小说，《遥远的青萍河》。文中那股淡泊宁静的哀伤一下子攫住了她，在她脑际间久久不散。直觉告诉她，这个尚不知模样年龄身份的作者，正是她多年来苦苦寻觅却终不可得、拥有一颗至真至善至美灵魂的人。

那晚躺在床上，她在黑暗里大睁着双眼，久久不能入睡。陕北高原上放羊老汉悲怆凄凉的歌声，低头垂首在崖畔默默咀嚼青草的老牛，在优美的信天游笛声中缓缓流淌的黄河水，于她面前反反复复，挥之不去，丝丝都牵动着她心中那个隐秘的哀伤，那个长久以来竭力忘却，却又无论如何忘却不了的影子。

当北大荒的暴风雪将林场的窝棚压塌的瞬间，那个孤独的男人，可曾对着豆大的油灯光焰，痴痴地回想起十里长街的辉煌？

她开始注意那个人的名字了。每见他的作品刊出，必会捧来细细拜读。读完了，总免不了要长吁短叹一番。

“你怕是爱上他了吧！”男人颊上挤出一笑。

“我要是还自由，肯定会去追求他！”她觉得没必要掩饰。

男人耸耸眉毛。“那是个瘫子，整天坐在轮椅上，吃喝拉撒睡都要人服侍！你先给他端几次便盆，再说爱不爱吧！”

她觉得他庸俗。“喜欢的是那颗心，才不管他有腿没腿呢！可知世间多少有腿的，都及不上这个没腿的呢！”

又是一个不眠之夜。第二天一早，她跨上那辆红色自行车，迎着初夏清朗的晨风，沿着京城笔直的街道，往城北驰去。

她默念着那个早已背熟了的地址，心房被喜悦与惶恐两种情绪翻搅、撞击着，忐忑不安。是装作要采访他呢？还是直截了当地告诉他，已经悄悄爱了你很久？不，不行，那样轻浮的语言，怎能对一颗纯洁高尚的心灵使用？干脆什么也不说，只是默默地看着他，像一个文学爱好者一样呢？也不行，他岂不会觉得我闲得无聊，跑来耽误他宝贵的时光？

钻入一条条狭窄的胡同，不厌其烦地敲开一扇又一扇镌刻着古老与沧桑的门扉。可是，人们打量着这个穿一身淡灰条纹连衣裙的年轻姑娘，却都摇头。从没听说过这个名字，也没见过一个坐轮椅的男子。一个中年妇女多问了一句，你打听他做什么？她顿时羞红了面颊，躲闪着探询的目光，语无伦次地搭讪着，慌忙推车离去。

太阳升上头顶，晒蔫了老槐树上圆卵形的叶片。额上浸出细密的汗珠，濡湿了腮边的发丝。她伫立在街头，四顾彷徨。怎么会找不到呢？记错了地址？抑或别人给了我错误的信息？

雍和宫金碧辉煌的殿宇在阳光下闪烁。隔着深红色的围墙，飘过来一阵嗡嗡的诵经声。天穹下，弥漫着压倒一切的沉重，她的勇气在一点点融化。

庙内花坛旁，坐着一个头发花白、表情木讷、身着藏式长袍的老尼姑。她双眸紧闭，口中喃喃，专注地晃动着手中的经轮，无视过往的红尘。

冥冥中，难道真有命中注定的古老传说？不该属于你的，即便是众里寻他千百度，也终不可得。也许，我的灵魂，本不该如此不安分，总在追求漂泊。

小说即将出版时，收到了编辑来信。她说，你在朋友的帮助下，要来美国治病。接下来的几日，我一直踌躇着，不知是否应当随编辑同赴芝加哥，只为看你一眼，了却青春的夙愿。说来也怪，已届中年，想起即将出现的会面，胸中仍会涌起莫名的波澜。

老尼姑手中转动的经轮，如飞鸟的翅膀，无声地掠过眼前。最终压下了种子不安的躁动，悄悄告诫它，何苦再去展露承载了岁月风尘、不再光鲜的容颜？

编辑返加，带来了你亲笔签名的新作《务虚笔记》。潇洒俊秀的字迹，如同你无言的凝视，伴随我度过了台灯下一个个不眠的夜晚。那些日子的梦境里，我常常幻化为一只纤细的小蜜蜂，在你营造的一望无际的金色葵花田里飞舞，时而快乐、时而忧郁地吟唱着，向你诉说心头的哀伤。

终于未能忍住，给你寄去了一篇读后感。当然，一如既往地如我，直抒胸臆，无遮无拦。

你的回信，印证了你早已镌刻在我心中的、不可企及的伟岸。

来信收到已久，数月来疾病缠身，未及时回复，抱歉……现在终日昏沉，什么事也不能做。中医中药亦告无功……

关于我的那部长篇，您不一定要看，也不一定要看完，可以仅仅把它看作一个小纪念品，比如名片之类的东西。我很清楚其阅读的艰难。我曾就此长篇给编辑写过一信，信中谈了一些我写它以及为什么这样写它的原因。编辑有意在出版这部长篇时将此信附于书后，您若有兴趣可以注意一下。

对于书中涉及的“性爱”观点，您说您有不同态度，我想那是很正常的，那只是方式问题，方式并不很重要。爱情，无论有什么样的信奉，都难免是一种性关系，或者说，都不能否弃性的因素，并非通常的“行房”才是性的证明。而我想写的，并非某一种形式的问题，而是无论什么样的形式，性，传宗接代之外，还有什么意义？到底要表达什么？这样的表达，在这心魂相互隔膜的人间，有着一种怎样的价值？爱情和性，与我们的终极理想（或说梦想）之间，有着怎样的关联？……我之所以选择您并不以为然的那些方式来表现这一点，实在可以说是写作的技术问题。更因为这样的方式，毕竟是自古至今给人们带来最多折磨的事件，或迷恋，或不耻，或奉为天条，或视为下贱。其所以有如此魔力，原因何在？

其所以屡被赞美，又常遭贬斥，到底都是为了什么？……

当然我知道，我远没有做到上述想要做到的事。很可能，我是在寻找一种并不存在的答案。世界上有两样东西可能是永远说不清的：艺术和爱情。我有时想，也许这正是答案：正是这两样永远说不清的东西，牵引着人们世世代代如醉如痴地往前走。物质世界是有限的，我们每时每刻都在有限的物质环境中。倘若生活永远只是物质的，人就要觉得乏味。幸好精神世界是无限，期待与梦想总没有尽头，惟此人生才可能永远有路可走。人生斯世，真像是下放劳改。下放者，从虚冥之中来到人间；劳改者，经过肉体与精神的奔波劳碌，终于醒悟到生命的意义。于是渐渐相信，这样的消息经过各种姓名（即每一个“我”），永远不会完结，一批批地来，又一批批地毕业，回到虚冥去。死，可以视为皈依。当然可以对灵魂和天堂有种种设想，但于现世，那主要是一种信守，是对人性的神性监督。

这些也许并不是您感兴趣的话题。因为您的来信很坦率，引得我也想多说一些。您应该在加拿大这样的地方生活。在我的印象里，那样的地方更适合坦率。而过于古老的地方，难免需要一点狡猾。

步入千禧年的那个冬天，我在去国十三载后，再次踏上故土，于欢喜讶异中，打量着身后的巨变。

那个寒冷的黄昏，手执你信封上地址，寻觅到叫作水碓子的水泥园。高耸入云的灰楼，在京城的天空下星罗棋布，令我茫然。

不记得那天站立了多久，只记得最终打消了与你会面的冲动。可是为了那消逝的旧门板、老胡同？可是为了蓝天下不见踪影的孤鸿？

从那天起，年复一年，步履匆匆。也许是习惯了这个嘈杂的世界，不再有闲暇去重温京华旧梦。也许是流失的日子，终使我悟出了你字里行间的苦衷。

风停了，雪住了。夜幕下亮起了一盏盏孤寂的灯。异国小城，一如既往地宁静着。这里，可曾是你向往的角落？

你的淡然，你的寂寞，映衬出尘世的浮华与喧嚣。其实你不知道，你想象中的世外桃源，也未能逃脱在劫的污染。来自古老世界的脚步，已飞快地践踏了青山绿水，在每一个天真坦率的角落里，肆意挥洒着狡猾与龌龊。

你若知晓了这些，会否又陷入深深的失落？这个世界太狭小了。我们无处躲。

唉，还是留在地坛吧，那里残存着你翩翩少年朗朗的读书声，也曾飘荡过我儿时的欢笑。还没来得及告诉你呢，二十世纪六十年代初，我的幼儿园，恰在地安门内的永康胡同。不记得有多少个夏日午后了，我们手牵手，穿过城墙豁口，迈入地坛，在郁郁葱葱的古柏树荫下，随着悠长的蝉鸣，稚声稚气地唱着“丢手绢儿”。

那时的你，可曾注意到一个生一双好奇黑眸的瘦小的女孩？可曾预料到人生最大的遗憾，便是一次次错过交汇时互放的光亮？

留在地坛吧。等着我。下次返国时，我的脚步不会再匆匆，不会再踌躇。从那片净土上，我将重拾起儿时失落的歌声，奉献给你，伴你在另一个世界里，永享纯洁的欢乐。

（发表于二〇一一年七月北美《世界日报》副刊）

米勒走了

不，这绝非计划中的一条。

咱们期望的，是天长日久，岁月静好。

我将怀念每日清晨你的幽默、你的拥抱，

还有咱俩一同发出的欢笑。

我将怀念你解决问题时奇妙的创意，

也许，还将留恋，曾经散乱在家中各个角落的剪报。

知道吗？你让我欣赏的优点之一，

便是你曾经的自命不凡，

正随着岁月的流逝而年复一年地消退、减少。

我坐在灯下，静静地微笑，

听你侃侃而谈，把自己的观念传承给两个儿子，

看父子三人齐声朗读你们——或者说你自己——最感兴趣的歌谣。

我用蜂蜜拌着煮豌豆吃，

且一生乐此不疲。

虽然味道有点怪异，

能沾住餐刀却令我欣喜。

米勒太太的声音哽咽了。听众席里传来压抑着的唏嘘声。主持葬礼的牧师经验老道，及时示意钢琴手弹奏起圣诗。大厅里回荡着天籁之音，冲淡了弥漫在空气中的哀伤。我悄悄抹掉眼角渗出的泪水，加入了生疏的合唱。

米勒的名字第一次映入我的眼帘，纯系偶然。十多年前，我在滑铁卢大学的图书馆里浏览新书时，瞥见了《桥下溪水潺潺》这本记叙学校历史的专著。翻到七十年代时，几张有趣的图片吸引了我的视线。画面上，一群穿着棉大衣、长发披肩的男生正冒着冬日的严寒，举着标语牌在校园里示威游行。

那几年，神州大地的红卫兵运动已随着大批知识青年上山下乡的热潮而烟消云散。然而，地球另一端的北美大学校园里，红色波涛却方兴未艾。六十年代末燃起的政治烽火，诸如人权运动、女权

诉求、抗议美国卷入越战等，培养了一大批思想活跃的青年教师。在学校烟雾弥漫的教室和餐厅里，常常可以看到他们兴致勃勃地与学生们探讨社会、经济、政治大事。资本主义、马克思主义、帝国主义、种族主义、性别歧视，都成为热烈辩论的话题。

当年的滑铁卢大学，属于加拿大在政治上激进的几所大学之一。青年学子们雄心勃勃，深信自己肩负重任，可以改造这个腐朽的世界，因而勇敢地挑战和批判一切现存的制度。在几位左翼青年教授的带领下，不少师生参加了校园内的“反帝同盟”的活动，不但支持全省工人大罢工，还庆祝了中华人民共和国成立25周年。一九七三年九月，开学的第一天，校园内就组织了游行示威，抗议美国在智利发动军事政变，导致信奉社会主义的阿连德总统遭到暗杀。

虽然有人喜欢这种充满刺激的新鲜气氛，但另外一些人却并不赞成这种思潮，认为这是鼓励仇恨，且令人生畏的。然而，初生牛犊不怕虎。接下来，挑战的触角伸向了学校的管理层，试图仿效中国式的教育革命，由工农兵参与学校的管理。“师生联合委员会”发出了倡议书，不但反对学校董事会新近从美国招聘的一位有“极权主义观念”之嫌的院长，还要求对学校的聘用、预算、课程设置等等拥有表决权。校园的宁静被打破了，进入了史无前例的混乱和分裂状态。于是，反击开始了。

新聘的院长与“师生联合委员会”对垒叫阵，互吹号角，展开了拼搏。米勒教授深受学生爱戴，年纪轻轻，就担任了系主任。整个事件中，他代表学生的利益日夜奔忙。然而，几个月后，校方为平息风波，采取了快刀斩乱麻的手段，宣布几名带头挑起风波的教授为“共产党”，全部开除教职。米勒教授因“包庇同情共产党”之罪名，也遭殃及，丢掉了饭碗。

师生们立即组织起来，抗议破坏学术自由，并向校方提出了一系列要求：立即恢复这几位教授的职务、新院长辞职、重新组建学校管理层、公众享有阅读解聘文件的知情权等等。

深秋的季节里，罢课开始了。学生们拦住了教学楼的所有入口处，并用桌椅在教室门口搭建起了障碍，坐在其上，阻止通行。气氛颇为紧张。希望照常上课的师生不得不忍受着迎面扑来的辱骂声，“工贼”“无赖”“胆小鬼”，从罢工者的胯下钻过去。除了肢体冲突之外，也发生了破坏学校的财产以及属于个别“工贼”的私有物品的现象。

为了给校方施加更大的压力，抗议者在校园里举行了示威游行，肩上扛着的大牌子写着：“团结起来进行战斗！”“谁是学校真正的主人？”“支持民主和自由！”

十一月二十一日那天，抗议者们搞了一次模拟葬礼，抬着一副棺材在校园里转了一圈，以此象征言论自由的灭亡。

在历史系一位马克思主义教授的带领下，教授协会也与学校管理层交涉，全力支持遭到解聘的几位左翼同事。

争端一直持续到一九七五年早春，高潮是文学院的院长办公室被一批学生占领了长达三十个小时之久。

这场激烈斗争，未能挽救被解聘的几位马克思主义信徒，也仅为米勒教授争得了一个较为体面的结局：校方收回了开除米勒的决定，但强迫他辞职。

一九九七年，我开始在滑铁卢大学任教时，首先结识了英文教授米勒太太。我们常常在一起探讨中外文学，她却从未对我提起过七十年代那场从天而降的灾难。直到我读了《桥下溪水潺潺》之后，好奇地向她询问那段历史，才惊讶地获知米勒夫妇一家经受的磨难。

“如果嫉妒某人的才华，最便利的手段就是给这个人扣上共产党的帽子！可他根本就不是共产党！他只是一个信奉社会主义理念的人，同情底层百姓，关心弱势群体，愿意为改善我们生存的环境而奉献自己罢了！”米勒太太压低声音，竭力控制着胸腔中的愤懑。

“头上戴着那样一顶帽子，他失业后四下里找工作，却处处碰壁，从此一蹶不振。阳光和欢笑，从我们家中永远地消逝了。他完全变了，变成了一个陌生人，沉默阴郁，脾气古怪。不再是我从高中时代起就爱上的那个温和善良、满腔热情的年轻人了。他不是一个人坐在家里久久地发呆，就是冲着我和孩子们乱发脾气。微不足道的小事都会激怒他，令他暴跳如雷。我和孩子们都成了他的牺牲品。你能想象那是一种什么样的日子吗？如果没有坚定的信念，我恐怕早就崩溃了。”米勒太太轻轻摇动着满头白发，蓝眼睛里充溢着泪光。

二〇〇八年，中国作家代表团应邀来访，米勒太太与我校孔子学院一同策划并主持了“中加两国顶尖作家交流会”。

我们采取了一帮一、交朋友的别开生面的深入恳谈方式，让出身煤矿工人的优秀作家刘庆邦与也是矿工世家出身的加拿大老牌作家麦克劳结成双；畅销书作家刘震云与加拿大的第三代华裔、畅销书作家崔维新结成双；先锋派作家格非与加拿大新锐派青年作家丹尼斯·鲍克结成双；中国社会科学院的著名评论家白烨则与数位加拿大文学教授展开了面对面的热烈讨论。会场上洋溢着知己相逢、把盏尽欢的愉悦气氛。

会议之余，米勒太太热情地邀请中国作家到她家中晚餐。夜幕降临之后，我第一次见到了仰慕已久的米勒教授。须发斑白、面容清癯的他已不复年轻，但那对真诚善良的眸子，依然蕴含着睿智的光芒。面对来自遥远东方的客人，他显露出局促与矜持，甚至有些羞涩，悄悄坐在客厅一角，默默打量着谈笑风生的客人们，全然看不出当年活跃在校园里，那个与学生们打成一片的青年才俊的身影。

大家站在后院的廊下吸烟时，我讲述了男主人的遭遇。中国作家们沉默了。望着月光下修剪得一丝不苟、美丽如画的花园，格非感叹：“这一定都出自米勒之手吧！”

回到屋里后，刘庆邦轻声唱起了《我们共产党人好比种子》，我立即加入了他的歌声。刘震云也不甘落后："那些歌，谁不会唱！"于是，他带头唱起了《敬爱的毛主席》。屋里的中国人全部加入了合唱之中。南京大学派来的中方院长唐建清教授击着手掌，打起了拍子，声音愈来愈响亮。

米勒虽然不懂歌词是什么，却显然从大家的表情和声音中，感受到了一种久违的情怀。他从沙发里挺直了身躯，颊上绽开笑容，目光中闪烁着欣慰。

餐桌上摆满了米勒太太为大家精心烹调的模拟"中国菜"。米勒教授举起玻璃杯，为大家敬酒。"我从青年时代就一直渴望着去

米勒夫妇在家中宴请中国作家。

中国看看，却一直没有机会。衷心希望今后能实现这个梦想。”

殡仪馆一角，张贴着本地报纸的整版报道。侧头望去，米勒慈祥的眸子，默默注视着他曾经倾入全部身心关注的这个世界。

“曾经担任过滑铁卢大学社会发展学系主任的米勒博士于星期一去世，终年 70 岁。从教育到政治，从司法制度到足球运动，米勒毕生用忠诚和热情拥抱他所致力的所有目标。家属说，他的最后一天是和妻子在花园里剪枝锄草、分享头天刚出世的孙女的趣闻中度过的。米勒毕生致力于社会公正，源自他在海滨故乡的影响。在靠海吃海的渔民社区，人们需要互相依赖才能生存。他的家属说，我们从他那里学到：如果大家互相友爱，团结一致，我们的生活才会更加美好。”

报道刻意避开了令人悲哀的那十几载寒暑春秋，仅仅说，在过去的二十年里，米勒在社区为青少年机构服务。“他对我们社会被边缘化的人们充满了同情。米勒的同事形容说，他是一个沉默寡言、认真聆听倾诉，并真诚关怀他人的人。”

接下来的一段，揭示了我所不知晓的米勒的生活足迹。我因此理解了为什么米勒太太会写出那样的悼念诗行。“你让我欣赏的优点之一，便是你曾经的自命不凡，正随着岁月的流逝而年复一年地消退减少。”

“他敢于为他所信奉的真理挺身战斗。一九九〇年和一九九五年，米勒曾两次竞选省议员。一九九〇年的那个晚上，他的支持者们以为他已经稳操胜券了。然而事与愿违。保守党议员在那个位置上一直坐到二〇一二年退休为止。对许多人来说，米勒是他们在政治上的导师。米勒不仅自己为社区精诚服务，他的献身精神也激励了许多人投入改造社会的义务工作之中。七十年代，米勒亲手建立了社会发展研究系。该系开设的人类社会发展方面的课程，例如心理学，社会学，社会工作学等等，一直是滑铁卢大学文科院校中的强项。他当年的同事评价说，米勒是一位具有社会良知的学者，他把学术世界看作改变社会的工具。”

一盏智慧的灯熄灭了。一颗伟大的心脏停止了跳动。我在心头默默悼念着。

我希望你能知晓，你一直深受着爱戴，
过去如此，今天如此，直到天荒地老。
眼下，我要让自己躺倒，并静静地滴血。
但我终将站起，并继续战斗，如果必要。

米勒太太的声音是轻柔的，但全场都听到了。

（本文部分内容发表于二〇一三年十一月《光明日报》副刊）

津门杂感

第一次到天津那年，才十八岁，跟随海军某部的文艺宣传队，在市中心灯火辉煌的八一礼堂里表演了《龙江颂》《杜鹃山》等红色剧目。演出之余，和女伴们一起，到五层高的劝业场购买了一双黑色坡跟襻带布鞋，实用，大方，也秀气，在太行山沟里难以寻觅，穿在脚上，免不了生出几分惬意。来去匆匆，津城给我留下的印象，和那双鞋颇为相似。

转眼便是几十个寒暑，再次踏入津门，人已不再年轻了。去冬到南开，和中文系的师生们交流“双语写作可行性及中国文学走向世界初探”。仅这话题，已折射出个人与世事的沧桑变幻。

今夏重来，却是真正落脚在了津门：应中国作协外联部及天津市滨海新区之邀，参加国际作家写作营。拿到命题“经济发展中的文化元素”时，颇有几分困惑，感到无从下笔。杜甫说“文章憎命达”，在我看来，经济发展与文学似乎是对立的关系。说真话，免不了会有批判性的观点；说假话，文学的意义又何在？

讨论交流开始了，才发现我的担忧是多余的。中外作家们的想法其实十分类似，谈到经济发展与文化之间的矛盾时，每个人的发言都充满了对现实的批判。

“相互尊重的概念在当前的俄罗斯经济中已经被驱赶出来了。它充斥着的是崇拜暴力、蔑视弱者和无情的剥削。”俄国作家库尔查特金对俄国社会现状的忧虑，同样在中国作家们心中引起了共鸣。未来的中国社会，是否也将面临着同样的困境呢？

夜幕降临时，滚滚雷声中，库尔查特金和中国作家们手拉着手在广场上唱起了《莫斯科郊外的晚上》。某些东西虽然逝去了，存留下来的，却都是美好的。

荷兰作家米克说：“衡量一个艺术家成功与否，是功利主义至上的名词：知名度，履历，销售业绩。如果你没有吸引足够的关注，你便是个彻底的失败者。清高和孤傲，追求独立人格的艺术精神，已经被物欲横流的艺术市场所淹没…… 在艺术外衣里面，充斥着个人主义和拜金主义的元素。”

听去似乎十分熟悉。中国作家们自然而然地叹息起当今文坛腐败堕落的种种。中国文坛从来不乏好作家、好作品。缺少的，只是一种合理的机制，从而有效地鼓励和维持好作家、好作品的产生与传播。

早餐桌上，米克与外联部主任刘宪平之间展开了一场紧凑有趣的对话。新闻记者出身的米克显然喜欢用那一行当的人惯用的手法，针锋相对地提出了一些颇具挑衅性的不仅涉及文学，也涉及了政治、经济、外交等各个层面的尖锐问题。来自多方位的突袭并没难倒久经沙场的刘宪平。米克听完对手荣辱不惊、诚恳且得体的回答，颊上浮现出若有所思的笑。“这是我来到写作营后最有意义的一顿早餐。”

瑞典诗人科曼和中国古代诗人爱好相仿，贪爱杯中物。醉醺醺时，红了脸，抱怨右翼政府上台后文化事业遭到的损伤，老诗人冀望从中国同行们那里获取同情与声援。不过，当他颤抖着双手，拿出一纸诉求信，抵制瑞典政府消减图书馆项目的开支，并逐个请求与会作家签名时，大伙十分友好地笑笑，却都礼貌地推辞了。毕竟，对于自己并不十分了解的情况，还是谨慎从事为妥。

也许是为了安慰这颗已经衰老的心吧，那个夜晚，大家陪伴着他满饮了一杯杯茅台。老人陶醉于郭永斌的青海花儿、葛水平的信天游、沈苇的新疆民歌声中，多皱的脸上绽开了笑容。

滨海新区似乎是飞速发展的中国经济的一个缩影，充满了新旧交叉的强烈对比，处处展示了人定胜天的丰富想象力。面对触目皆是的惊讶，似乎坠入了“欲辨已忘言”的境地。

颗粒无收的盐碱滩上，变幻出鸟语花香的森林公园、环境优美的生态城，还有填海造地修建出来的一座座现代化厂房，无不令人惊叹高科技成果创造的奇迹。各级政府为发展民生所作的艰辛努力、中国人民的勤劳本色也随处可见。参观途中，偶遇几位裹着围巾在烈日下修整草坪的女工，探问之下，得知这种简单的体力劳动每天能为家中带来一百多元的收入，她们的笑容是闲适、满足的。

指着路旁田野里一幢幢拔地而起的高层住宅楼，天津诗人许向诚说，农民失去了土地，但也得到了优厚的报酬。即便不外出做工，男女老幼的生活也有保障。眼下要想获得农村户口，难于上青天，除非是娶媳妇，否则都会遭到村委会的拒绝。而迁出一口人，则会得到二百万元的欢送费。三十年河东转河西，今非昔比。

大沽炮台博物馆里，一尊尊锈蚀斑驳的铁炮提醒着人们铭记中华民族那段屈辱的历史。天津港务局博物馆前长长的台阶上，镌刻着半个多世纪来见证过港口沧桑与辉煌的 88 位劳动模范和专家的足迹与姓名。汉沽农民艺术家的刻字馆、版画藏书票馆，使人看到了经济大潮中对精神世界的坚守。小王庄村民翻舞的龙灯、飞叉，给远方来者提供了近在咫尺的机会，观赏几千年遗留下来的活生生的民俗传承。学龄儿童在舞台上摇头晃脑地表演倒背如流的《弟子规》，颇令洋人们爱慕，却令我们这些懂得中文、因而不仅只看热闹的华人生出几丝忧虑，文明是否真能失而复得？有些东西，失去了，恐怕就难以重拾了。

餐桌上琳琅满目的菜剩下了太多。丢弃了岂不可惜？中国著名作家肖复兴摆摆手，说起了食品的不安全性，还有添加剂的可怕，“不吃也罢”。于是，多年来第一次习惯了不打包，眼睁睁看着浪费而心疼。

库尔查特金说：“多少年了，没有吃过这么好的饭。我真想留在中国，不回去了。”这位莫斯科作家协会的秘书长，曾经享受过苏维埃时代的优渥生活，如今卖稿维生不足以糊口，要依赖当教师的妻子养活一家。

参观金融街的途中，米克对我谈起了他两天前刚刚收到的信息：荷兰的文化部长，据说是一个只着眼于市场经济的强硬派政府官员，最近宣布，政府将停止对所有文学杂志的经费赞助。

米克的神情十分激动。因为，与他息息相关的《向导》杂志惨遭殃及。这是荷兰最高档次的纯文学期刊，已有175年历史了，专门刊登小说、散文、诗歌，许多著名荷兰作家都在上面发表过自己的作品，也是荷兰销售量最高的纯文学杂志。如果没有政府每年六万欧元的资金支持，就需要一万份的发行量才能维持其独立生存。

二十世纪六十年代时，该刊的发行量是五千份，而今却降到了一千份。但即便如此，在荷兰这个只有一千七百万人口的小国家，也是难能可贵的。为了维护纯文学的生存，杂志社仅仅有一位秘书是领取工资的，大量的编辑工作，都要依靠像米克这样的作家在业余时间义务奉献来完成。

米克说，荷兰的作家们正在等待他回去，共同协商如何向右翼政府提出交涉，抗议他们唯利是图的短见政策。

中国文坛是幸运的。不论市场大潮如何冲击，总还有政府部门的倾力扶持，作家们也早都富起来了。外出参观时，看到有人为了一点微不足道的小事，便对服务人员粗鲁地高声训斥，心里颇为难过。不知这究竟是中国传统文化中等级观念的残渣余孽呢，还是新经济环境下产生的对他人毫无尊重的暴发户心态所致。

所幸，中华文明的精髓尚未泯灭，仍在以一种不事张扬的方式，默默地延续在我们的身旁，为这纷乱的色彩增添了一抹温馨的宁静。

天津作协的赵玫轻轻说，自从 1998 年得到了第一个鲁迅文学奖之后，她这些年就不再申报任何评奖了。为什么呢？惊讶地得知原来还需要“运作”。而“运作”的庸俗早已亵渎了文学的真谛。书香门第出身的她，宁愿为了心灵的洁净，远离这喧嚣。

诗刊社原主编叶延滨说，因为他不参加请客吃饭的活动，人们就认为他清高。早年在成都《星星》诗刊时，来了外地的作者，都是编辑部门请远方来人吃饭，以尽地主之谊。到了北京后，却发现倒过来了。每每要作者花钱请编辑们吃喝。“这种从穷人身上拿钱的做法，我心理上不平衡，很不习惯。”

从他们身上，我感受到了真正的贵族精神：他们关心的不是一己之利，而是普通民众的福祉。

中国作家中只要还有拒绝吃请的人当政，津门只要还有吃不上饭也要刻字的艺术家们的栖身之地，耳畔只要还能时时飘过乡间小路上淳朴的歌声，祖国在我眼中的魅力就将是永恒的。

（发表于二〇一一年七月北美《世界日报》副刊）

异草闲花

总会计师丹尼突然辞职不干了。学院须另聘新人，接替他的职位。办公室发出通知后，大家都很惊讶。

丹尼年富力强，距离加拿大法定退休年龄六十五还差着十几年呢！怎么会在此时激流勇退呢？是不是跟哪位上司或者同事闹别扭了，还是谋到了薪酬更高的职位？午餐时，我向丹尼提出了自己的疑问。

丹尼眨眨灰蓝色的眼睛，摇摇头，从容不迫咽下口中食物，才说，“不，我辞职后，就能一心一意从事我喜爱的装修工作啦！”

我抬眼盯着他，以为他又在和我幽默。丹尼做事勤恳认真，总会计师干得颇为出色。真弄不明白，他凭什么要离开干得好好的岗位呢！虽然早已风闻他心灵手巧，为这个同事家的客厅换地板，为那个同事家的地下室装洗手间，但无论如何，还不至于为了这种端不上台面的业余爱好就放弃掉总会计师这样待遇优厚的职位吧！

丹尼似乎读出了我心中的疑惑，解释道："其实我生性不喜欢和数字打交道，但为了养家，在这个位置上，一干就是三十多年。如今两个孩子都已长大成人离开家，我就不必再为了高收入而去做违背心愿的事情了。你知道吗？从小我就喜欢摆弄斧，凿，钻，锯。干装修时，我内心充满了快乐……"

丹尼侃侃而谈。我礼貌地点着头，但是，按照中国人的生活逻辑和价值观念，对他的决定，我仍是很难彻底理解。

见我依然神情狐疑，丹尼端起咖啡杯，抿了一口，将若有所思的目光投往窗外。透过明亮的落地窗，只见那座被命名为"东西方相会"的小花园，正被春日的阳光染得姹紫嫣红。园子一隅，盛开着几株牡丹，是本地华裔朋友们捐赠的，大团的花朵，浓烈绚烂。墙角一丛不知名的蔓草，为数年前丹尼亲手所植，春来又发了纤纤几枝，在微风中轻轻摇曳着，悠然自得。

我想起了一些零星往事。有回大家闲聊，谈到各自的理想时，丹尼曾说，他十分渴望能请上一年长假，到北部人迹罕至的原始森林里，亲手搭建一座漂亮的小木屋。还有那么一两次，我曾试图在餐桌上和丹尼讨论工作上的事情，但每次都是才一张口，就听到了他委婉然而坚定的拒绝。

“可以离开那些令人厌烦的财务报表，稍稍清静一会儿吗？咱们谈什么都可以，但别谈工作。”

放下饭碗，丹尼总会快步走出餐厅，绕着校园内林荫小径，伴着溪水中游弋的野鸭，匆匆散步。也许是得益于他良好的生活方式，丹尼至今保持着年轻小伙子一样的身材，精干匀称，不见一丝赘肉。

“辞职的事，我已经思考了很久。干到六十五岁再退休，是可以多得不少钱，但我有限的生命就会被继续浪费掉。如果现在就能去干我最喜欢的事，那么余下的生命里，每一天我都能愉快地度过。”

丹尼喝完杯中最后一滴咖啡，用纸巾轻轻擦拭唇角，将刀叉盘盏细心地收拾好，端起了托盘。

看着他修长灵巧的手指在面前晃动，我在心底暗自感慨：去追寻自己心灵的召唤，是需要极大勇气的！丹尼在人生道路选择上的大彻大悟和举重若轻，着实令人景仰。

在学校举行的欢送会上，丹尼发表了短暂的告别演说。“别了，令人烦恼的电脑！别了，催人衰老的财务报表！”

他诙谐的结束语，引来同事们会心的大笑。丹尼掏出一摞刚刚印制好的新名片，递到大家手中。“这是我才注册的公司。以后各位家中需要装修时，欢迎惠顾本人的优质服务。”

我接过名片，端详着上面简洁大方的图案。“丹尼，油漆墙壁一小时多少钱？还有，铺地板呢？”家里的地下室，早该装修了，何不照顾一下这位相处多年的老同事呢？

丹尼略一思索，答道：“过去装修，纯粹是出于兴趣。朋友们没钱，就免费了。愿意给的，一小时十五元，也够了。今后嘛，完全靠这个生活，就得二十元啦！”

看起来，他从白领向蓝领的转换是那样的轻而易举。二十元，真的不贵。是否趁着暑假开始动工呢？我掂量着，有些心动。

“你要是有兴趣，装修的事，我可以教你自己做，不难，一学就会。”丹尼又补充道。他显然误解了我的迟疑。

兴趣？这个字眼提醒了我。我的兴趣，当然不是装修了。出国二十多年来，何曾考虑过自己的兴趣何在？偶尔看到中文报纸上有关名山大川、人文古迹的介绍，每每引发我心中慨叹，懊悔当年身在京城，守着近在咫尺、人文荟萃的故国文化，心却总被大大小小的琐事填塞着，竟无暇抽身，去观赏一番。离开了，失去了，才备觉惋惜遗憾。

“丹尼，我也要向你学，去追寻自己心灵的快乐啦！这个暑假，我准备回中国去。”我笑着说。“装修的事，先甩到一边吧！”

（发表于二〇〇九年六月北美《世界日报》副刊）

嘤其鸣 答友人

给加拿大法裔女作家的十二封信

（一）

收到你这封信，我十分惊喜，尤其是看到你在信的前半部竟能用中文写出那么长的句子，表达如此丰富的内容。

我把你的错别字和语法错误都修改了，附在后面。今后，我打算尽量多用中文给你写信，讨论我们各自的生活和工作。这样你就可以在书信交流中提高中文水平了。

我有一种预感，你大概不会喜欢我的英文小说《红浮萍》。这不要紧。我等待着听到你的批评意见。我们是在两个截然不同的环境里长大的人，对事物的观察与感受自然不同。通过阅读文学作品，不同种族和文化背景的人会更好地理解对方。这也正是我打算通过孔子学院这个平台努力实现的一个愿望。

我们于二〇〇八年举办的“中加两国顶尖作家交流会”，就是初次尝试。那年秋天，在滑铁卢大学校园里召开了孔子学院成立之后的首次国际交流会议。我和南京大学派来的中方院长唐建清教授、我校英文系的朱蒂丝·米勒教授、中国社会科学院文学所研究员白烨教授共同策划了那次活动。我们希望采用别开生面的形式举办一次文学交流，围绕着“小说的本质：在中国和加拿大”这一题目，为来自两国的作家和评论家提供一个畅所欲言的平台。

我们邀请了双方的几位著名小说家。会议之前，大家已通过邮件交换了翻译成中英文的两国来宾的背景资料，使大家事先都有了初步印象，不至于太过陌生。会议上，我们采取了“一对一”的方式，安排每个作家与自己情况类似的来宾结双成对，在几位出色的翻译帮助下，做到了即兴沟通，深入恳谈。整整四个小时，会场中的亲切热烈气氛十分感人，完全不同于正式研讨会上那种轮流念稿的呆板程序。与会者都很愉快，且十分惊讶，因为大家发现，在加拿大和中国作家之间，存在着很多平行之处。

朱蒂丝·米勒说：“对中国文学进行一下简略的研究，你会发现，十分有趣的是，中国小说中的许多情节，与发生在加拿大的非常相似。而且，我们自身的处境似乎也很相似。” 大家一致赞同，认为今后应当在两国之间有更多的作品被互译成中文或英文。

矿工出身的短篇小说之王刘庆邦，和同是来自矿工家庭背景的加拿大最杰出的老作家艾里斯泰尔·麦克劳一见如故，滔滔不绝。聊着聊着，大家竟然眼角泪花溢溢，连翻译都感动不已。麦克劳搂着这位中国兄弟，拍摄下一张亲密无间的“哥俩好”，作为存念。

麦克劳的作品流传广泛，获得了许多奖项和荣誉。但他奉献给加拿大和国际英文文学最持久的礼物，却是他的短篇小说集《岛屿》。与刘庆邦一样，他的短篇小说中的每一句描述都寓意深刻，精雕细凿，充分表达了主人公在面对他们的古老文化、采矿、伐木、捕捞生涯以及对家庭和宗族的承诺渐渐不受尊重时的困难抉择。复杂的意境本身并不引人注意，但却引发读者对这些生命以及超越这些生命的共鸣。

在八十年代中期，我刚到加拿大留学时，曾与麦克劳擦肩而过。那时，他在温莎大学英文系任教，讲授小说创作课程，深受学生爱戴。我一面在历史系读书，一面在课余时间撰写我的第一部英文小说《红浮萍》。记得我曾经拿着初稿，到走廊另一头的英文系寻找麦克劳，想要得到他的指点。然而，他的办公室内外，不论何时， 总有一群捧着手稿、排队等候与他交谈的学生。我没有耐心等待，因此失去了获得大师指点的宝贵机会。否则，《红浮萍》的创作，可能会以一种完全不同的风貌呈现在读者面前，也未可知。

享誉中国大陆的畅销书作家刘震云，被安排与加拿大第三代华裔、多部畅销书的作者崔维新交流。他是加拿大最受欢迎的作家之一，许多年来，在多伦多的一所高校里，一面教授文学，一面创作。他对小说的特性进行了各种探索。这些技巧与想象相融，从而使他的作品变得富有诗意。《玉牡丹》是他的第一部长篇小说，反映了加拿大华裔家庭几代人的辛酸故事，十分感人，广为流传，并获得了好几个加拿大的重要文学奖项。

崔维新与刘震云同为洞察人性的高手，尽管语言不通，可两人之间的默契，却达到了心有灵犀、相见恨晚的境界。分手之际，崔维新情真意切地再三邀请刘震云，希望他能去多伦多的家中，与他共度周末。加拿大人如果邀请外人到家中过夜，那是很高的礼遇，足见刘震云磁场之强大。

中国代表中年轻的先锋派作家格非，同时担任清华大学中文系的教授。我们为这位学者型作家安排了两个博弈的对手，一位是加拿大先锋派青年男作家丹尼斯·鲍克，另一位是年轻的女作家嘉丽·施奈德。

鲍克除了写作，也同时在多伦多大学英文系授课。鲍克与格非二人，除了职业背景相似之外，写作风格也有许多相同之处。按照朱蒂丝·米勒教授的说法，鲍克“正在成长为一名伟大的小说家”。他的作品屡屡获奖，主题涉及当今世界最为困扰的事件与问题，具有国际视角。他追踪并描绘这些事件，展示出人类受到这些事件的影响，因而变得怪异、仁慈、热心、冷酷、愤怒，或者默从的种种复杂现象。

在他二〇〇六年出版的一本小说《共产党人的女儿》中，鲍克虚构出白求恩写给他女儿的一些信件这一情节。这些打字机色带上的信是在中国发现的，还带有油墨和白求恩的中国伙伴每晚给他更换的薰衣草的香味。信件映射出白求恩的生活和他所处的战争漩涡。故事以跳跃的顺序发展，逐渐聚焦于当年中国的岁月和场景。白求恩这位孤独的作家、艺术家和医生，用书信的方式，向女儿坦白了自己走向革命道路的曲折复杂的心理路程。他想要知道，女儿将会怎样看待他为生活而斗争以及他面对世界的方式：“你到多大年龄才可以理解我呢？”“你还太年轻，所以不会原谅我吧？”

这本成功的小说包含着许多主题。但它的中心是对一位可悲的、有缺陷的英雄人物的探索。小说的构思十分独特，语言精雕细刻，叙述方式也是后现代派的。我向格非介绍之后，他感到有些惊讶。大概是没想到，这位年轻的西方作家，会涉猎这种题材吧。

女作家施奈德的作品，也与格非有相似之处。她的故事似乎都是些日常琐事，一如人们平淡无奇的生活。然而，这种平淡一旦得到凸现，便使得平淡不再平淡，而变得有些不可思议了。潜藏在表层之下的，是一种黑暗的感觉，是一种在眼角边游移的死光。当你去正视它的时候，它却消失了。这种似是而非的感觉，给故事带来了魔幻现实主义的特征。施奈德和很多加拿大作家一样，都使用这种不十分明确的表现手法。这类作品都具有神秘的特质，天天萦绕着我们，令人难以忘怀，而又十分接近生活。施奈德的作品，用词和韵律都别具匠心，令我联想到格非的语言风格。

虽然是第一次见到格非，可我在心中仰慕这位鲜少抛头露面的神秘作家，已经二十几年了。记得来加拿大留学初期，温莎大学的图书馆里找不到任何中文读物，我被饥渴折磨着，常常去校园的国际事务办公室，流连忘返，因为那里收藏着不定期从中国寄来的几种文学期刊，可以伴随我度过许多孤独寂寞的异域夜晚。

在一本中文杂志上，我偶然读到过《敌人》这部小说，便被作者别开生面的语言风格吸引住了。毕业后，我离开校园，辗转于加拿大其他城市，丢弃的日用品不计其数，却一直把这本杂志带在身边。那时我已萌生出了一个念头：有朝一日，如果我也打算采用中文创作的话，定要使用这种如诗似画般典雅清新的风格。

第二天，在尼亚加拉大瀑布旁，我端出了隐藏在心头多年的疑问："你在那部小说中暗示的敌人，是否就是我们自己？你在少年时代，一定背诵过很多古典诗词吧？"

迎着扑面而来的雾水，诗人眯起睿智的双眼，矜持地点头。

为了防止慕名来访者打断交流会，我们事先未做任何广告宣传。然而，仍然走漏了风声。会议进行中，不断有华裔女青年推门而入，声称要“看”刘震云，畅销作家的魅力可见一斑。

庆邦早就当爷爷了，并颇为自豪于当年成功追到手的“小王丹凤”，自然沉得住气，不露声色。格非到底还年轻，自我解嘲道：“怎么没人来看我啊？”

我悄悄溜出会场，找到教研室一位女老师，叮嘱她去“看”格非，慰藉一下才子那颗敏感的心。

好作家是天造地设的，生来就带着敏锐过人的触角。我从不相信作家能从训练班里培养出来，也不相信奇特的人生经历便可造就作家。冰海沉船后，生还者不计其数。狼牙山跳崖的壮士，活下来的也有两个。类似惊魂动魄的经历，却未见成就了哪个幸存者为作家。

举办中外文化交流活动的过程，也为我提供了一个观察了解当今中国的新视角。从一些小插曲上，我感受到，星移斗转，物是人非，自己已无法跟上故国飞速发展的脚步了。

四位作家抵达加拿大的当晚，因我的疏忽，算错了时差，没有去多伦多机场接机。几番周折之后，终于让我爱人匆匆开车，在凌晨两点才把大牌们拉回家，又做了一锅鸡蛋西红柿打卤面，填饱大家肚腹。

大牌们也许奇怪，为什么不直接把他们送到酒店里去呢？但谁都没问。而我却想当然地以为，在我家凑合上几个小时，便可节省下一个晚上的酒店费用了。于是，我按照尊老的传统排队，让白烨住进了客房，刘庆邦躺在了起居室的沙发上，刘震云在客厅里打地铺。最年轻的格非呢，他自告奋勇，去地下室过夜，声称愿意独自一人享受那里的卫生间。

第二天，把大家送到预定好的酒店入住时，却遇到了一场意外的尴尬。

事先我已经安排秘书，预定了两间双人房，四个人，一共住三晚。到了酒店，刘震云和格非不满意，提出来要住单间。

我坦言相告：孔子学院举办活动，经费主要靠国家汉办提供。据我了解，国内底层民众的生活还十分艰难，因此，我们花钱时，总有于心不忍之感。每个房间一百多加币一晚，如两人住一间，可节省不少。咱们在这里每节省一元钱，国内的农民工腰包里就可以多增加一元。

刘震云听了，耸肩哂笑："我说李彦啊，你也太天真了！打酱油的钱是打酱油的，打醋的钱是打醋的。你在这里再怎么节省，也进不了农民工的腰包，都进了贪官污吏的腰包啦！你还不如把钱花在我们作家身上呢！"

我认为他是夸大其词，便说："我们大家都是从艰苦的岁月里成长起来的，体验过农村的土炕、军队的大通铺，现在两人一间屋子，竟难于忍受吗？”

格非和颜悦色地解释说：“李彦，现在国内变化已经很大了。我们出差，都是住单间，不习惯与人共用一个洗手间了。”

见我不肯妥协，刘震云和格非决定，二人自掏腰包，支付单间的费用。“我们收入都不低，住得起！”说着，刘震云和格非各自取出几百美元来，拍在了柜台上。

会议结束后，我带他们去游览大瀑布，观看层林尽染的秋日美景。午后，在一家中餐馆里，我为每人要了一大海碗热汤面，驱散满身寒霜。刘震云大概意犹未尽，只见他悄悄离座，到吧台前要了一小杯洋酒，慢慢品咂着，颇为享受的模样。当然，他自己付了酒钱。

事后，国内朋友听说了这些小插曲，纷纷说我太傻。“又不是你的钱，节省它干啥？白白得罪人嘛！像刘震云那样的大腕，谁想请他露个面，光出场费就得好几万呢！”

我会得罪他们吗？不。我坚信不会。这个世界上假的东西很多，但他们是真的，真正的作家，优秀的作家。他们辨得清善恶是非。无论身旁的世界如何嘈杂浮华，也夺不走他们心灵深处依然固守的执着。

来年我回国开会，白烨在他喜爱的“蓝花花”饭馆请我和庆邦、格非重聚。刘震云则专门在“河南饭庄”设宴，邀请我品尝家乡名菜。

除了我向往已久的传说中的美味胡辣汤之外，琳琅满目，摆了一桌。我知他好意，却着实心疼那吃不了白白浪费掉的一道道珍肴。也许国内进步太快，而我真的是迂腐落伍了。

刘震云的新书《一句顶一万句》出版后，他快递了一本给我。看到那二百三十六元国际邮费，我心头一缩。一气读完，从中捕捉到不少蛛丝马迹，反映出二〇〇八年的加拿大之旅留在作家脑海里的印记。那时就见他总是揣着一个小本子，时不时掏出来，往上面写着什么。看到书中某些细节，包括对在地下室过夜受凉的抱怨，不禁哑然失笑。

（二）

我非常愿意看到你用中文努力表达一些复杂的感情。放心大胆地写吧。你想说什么，我都明白。由于时间关系，我就不给你修改了。

我能够理解你读完《红浮萍》之后复杂的心情。其实，直到今天，对那个从一百多年前便开始在欧洲徘徊的理想最终能否在人类实现，我虽然感到困惑，却并未绝望。无疑，那是一种美好的信念，所以才有无数高尚的人们，为此前赴后继，甚至献出宝贵的生命，在所不辞。

我的父母亲年轻时便是这样的人。他们都是在大学读书的年代，抛弃了荣华富贵的前景，毅然决然投身到中国共产党领导下的革命洪流之中的。然而，他们的一生，正如我通过《红浮萍》中的人物所描述的，充满了意想不到的坎坷与磨难。

如今他们已步入暮年，垂垂老矣。上次回家探亲，我与长辈们闲聊时，曾问父亲："您为自己当年的抉择感到懊悔吗？"

父亲呆望空中，沉思良久，摇摇头说："不。在当时那个环境下，政府腐败，民不聊生，任何一个正直的、爱国的年轻人，都会选择那条道路。我们希望的，是通过自己的奋斗，创建一个繁荣富强、民主平等的中国。年轻时这样想，老了，依然未改初衷。"

谈到当前中国社会的各种腐败现象时，父亲的目光中似乎闪现出了游移。他的声音是沉重、迟疑的："这些问题的出现，是始料未及的。怎么办呢？只有摸着石头过河，寻求解决的办法吧。"

来家中做客的某叔叔听了父亲的话，却不以为然，谈起了一堆新兴的时髦理念。某叔叔和父亲一样，都是在大学读书时搞地下学生运动，并上了国民党黑名单的。他们曾冒着生命危险，手拉手，穿越了国民党军队的重重封锁线，奔赴陕北，参加革命。

"腐败到了一定的程度时，就只能动手术，切除肿瘤了。"某叔叔说，"我们虽然老了，仍然应该为一个自由平等的中国而奋斗，这才叫初衷未改呢！"

我很惊讶某叔叔的态度，忍不住向他挑战："那好，我很想知道，如果你现在所奋斗的结果，将剥夺你正在享受的特权，让你沦为普通老百姓一样的生活，你还愿意吗？譬如说，当你身体有病却不能住进高干病房时，当你不能享受四室一厅的住房待遇时。”

某叔叔一愣，不无尴尬地笑了。父亲正在责备我“没有礼貌，太放肆”时，某叔叔却收起笑容，正色道：“即便是那样，我也心甘情愿！”

人类归根结底，只是一种自私的动物罢了。即便是曾经拥有崇高信念的人，在获得权力，尤其是握有绝对权力之后，也难以抵制诱惑，继续保持纯粹的品质。在我看来，并非共产主义理想错了，而是如何改造“人”这种自私的动物，才是需要我们思考的难题。

孔子穷其毕生，游说列国，苦口婆心地推广维持社会稳定的一整套道德准则，却被人耻笑为丧家之犬，屡遭拒绝，至死未能达成他那“以德治国”的心愿。

记叙历史，绝非要抱怨或者谴责什么，而只是为了人类明天的进步。朋友，希望你能看懂我在书中力图展示的这一观点。

在我的两本英文小说中，对东西方世界都采取了冷静审视的目光。我如实地描写自己所熟悉的生活环境，希望通过笔下的客观批判，警醒民众的思考，推动社会的进步。

你自然注意到了，即便是在《红浮萍》中，也不乏对那段红色历史进步意义的肯定。我客观地呈现了在共产党领导下所推动的消灭剥削、贫富均等、男女平等、教育改革、知识分子与工农相结合、

《红浮萍》中文版封面

农村合作医疗等一系列改良社会的积极举措。

而在《雪百合》中，我对西方社会的弊端，也毫不留情地进行了揭露和嘲讽。我一贯坚持写作者的心灵坦荡、情感真实，不玩弄花招，不讨好市场，不受名利诱惑，不出卖良知，尽管这样做会受到主流评论界的冷遇。虽然身在西方并于主流社会混事，我依旧保持了直面人生的勇气，而不忌惮会否因秉笔直书而开罪了谁，丢掉饭碗。所幸我周围的同事们多为正派的知识分子。我的坦率与真诚，赢得了大家对我更多的关爱与尊重。

你应该读到了我在《红浮萍》里描述过的一段真实经历。一九七四年春天，神州大地开展了一场轰轰烈烈的“批林批孔运动”。我当时仅为一个十八岁的青年，在海军部队工作。然而，全团上下一千多人，我是唯一对“批孔”发出了疑问声音的人。

毛主席不是说过，对任何事物都要一分为二吗？为什么对孔子就不能一分为二呢？

为此，我曾被指控为“试图为孔老二翻案的人”，被批判、诋毁，遭到群起而攻和孤立打击，被人嘲笑为“神经病”“傻瓜”。

但即便在那种悲哀的岁月里，我也固执地不肯相信，难道人人都会泯灭良心，趋炎附势？难道这个世界会永远拒绝坦率与真诚？

几十年后，在极为偶然的情形下，我被滑铁卢大学校方任命为孔子学院的院长，担负起在海外传播中华文化的重任。心中不免惶然：难道圣人真有在天之灵？

坦白地讲，我才疏学浅，比起遍布世界各个角落的庞大的“海外作家”群来说，我的知识十分有限，自愧尚不能适应目前所扮演的这一角色。

不瞒你说，一九七四年春天，当我首次接触到孔圣人的说教时，呈现在年轻人面前的，全部是用于批判的中国传统文化中的糟粕，不见一丝半点精华。因此，当我成年之后来到海外，向其他民族介绍“我们的伟大传统”之说时，首先要说服的人，恰恰是自己。

在教学过程中，我常常会陷入困惑。三纲五常、等级观念，其弊端众所周知，不提也罢。但是，如何看待“父子相隐，直在其中”呢？父亲若首告儿子，父亲是禽兽；儿子若首告父亲，儿子则是忤逆加禽兽。根据孔子的解释，儿子偷了邻居的羊，父亲不应当告发他，而应当保护儿子，以免儿子被判处死刑。

在法制不健全的社会里，家庭，理所当然地应当成为每个人的保护伞。然而，在众多文学作品中，大家族内部尔虞我诈，其残酷血腥屡见不鲜，实为反讽。《红楼梦》中的描述栩栩如生。近日我读国学大师钱穆的《八十忆双亲·师友杂忆》，内中叙及无锡钱氏家史时，那种亲族间你死我活的白热化争斗，令人瞠目。

鉴于传统文化的种种弊端，共产党领导下的中国革命，试图铲除封建礼教的宗法血亲观念，代之以“亲不亲，阶级分”这种令人耳目一新的革命口号，自然颇具号召力。我的父母在青年时代义无反顾地投身革命，其中一个原因，也是对他们出生成长的封建家族深恶痛绝之故。

一言难尽。想多了，便会陷入莫衷一是的泥沼。也许老子早已看透了一切，所以才提出“无为”的概念，而那恰恰是人类最难企及的境界。

（三）

此刻是圣诞之夜，千里冰封，万里雪飘。时值家家户户觥筹交错、把酒言欢之际，恐怕惟有你我二人守着电脑，夜话乌托邦吧！

你的问题十分有趣。特别是你所提到的“‘文化大革命’给了人民权力，让大家讨论怎么办，这就是民主”。

我想，毛泽东的晚年，恐怕也是深谙人类社会的规律，预见到任何政党，无论曾经具备怎样的先进性，也难免会走向腐败。否则，他怎么会产生出“文化大革命”每隔六七年就应当搞一次这种念头呢？

也许，在缺乏外界制约和有效监督的情况下，也只能依赖群众运动这种特殊方式来清理执政党的腐朽，解决不可调和的社会矛盾了。殊不知毛泽东的这个建议，也是无奈之下开具的一味药方呢。

你说“西方的垃圾都运送到中国去了”。我明白，你所指的垃圾是什么。

离开中国二十多年了，可以说对今天的中国社会，我已非常陌生。《红浮萍》中所描写的现象，是八十年代之前的中国。那时的中国，似乎“精神人”居多。粗茶淡饭，荆钗布裙，却可乐此不疲地探讨文学艺术、兴致勃勃地参与国家大事。

而今天的中国人，绝大多数已被转化为“物质人”了。缺乏精神信仰时，人的免疫力极其低下，百病缠身，尚不自知。国家严厉扫荡各类邪教，却未曾意识到，人的肚子饿了，需要填饱。没有饺子时，糟糠也是香的。

是西方垃圾的过错吗？

面对种种令人痛心的现象，我甚至怀念起过去那个相对纯洁的革命年代。这种感悟，也影响到我对历史的反思。因此，在英文版《红浮萍》发表十五年之后，我在对这部小说处女作进行中文版译写的过程中，重新审视了人性和历史的复杂，把新的思考融入了笔端。

几年前，我在讲授《中国现代史》这门课时，曾费尽口舌，力图纠正冷战时期造成的西方偏见，让学生对中国的社会主义运动多一些客观的理解。然而，对某些负面的历史现象，我又很难自圆其说。反倒是加拿大学生们的发言，给了我启发。

一个学生说："资本主义提供了最佳的生产方式，而社会主义提供了最合理的分配方式。我们只需找出二者结合的方式便罢。"真是言简意赅！

还有一位学生，显然是个虔诚的基督徒。他颇为认真地对我说："这并非解决不了的难题啊！《圣经》对此早就有答案了：先把土地平分给各家各户，每隔五十年，就统一收回来，再重新分配一次。这样一来，就可以杜绝贫富不均的现象发生了。"

五十年？听了他的话，我不禁一怔。邓小平不是也说过香港回归后对香港的政策五十年不变?

其实，不仅仅是国内的民众不再有兴趣探讨人类的命运、国家的前途，来到海外的中国移民，大多也只耽于物质享受了，像周围的加拿大人一样，过着日出而作、日落而息、冬季滑雪、夏日露营的平凡生活。他们错了吗?似乎没有。也许，生活的本质原就应当是小桥流水，竹篱茅舍，鸡犬相闻，老死不相往来，如古人向往的那般简单。

（四）

前天晚上，在学校为我举办的新书发布会上，正当我埋首灯下，为来宾签名之时，听到一声惊喜的呼唤，抬起头来，竟是你风尘仆仆冲进会场的身影!

你不辞路途遥远，顶风冒雪，千里迢迢驱车赶来，这份深情厚谊，真令我受宠若惊。你来迟了，没赶上听我发言。

那天晚上，我对全场来宾说，《雪百合》的写作，是一个漫长的思考过程。在加拿大二十多年的生活堪称多姿多彩，上过天堂，也入过地狱。这些经历都成为可贵的资源，赋予了我创作的灵感。滑铁卢大学对我的厚爱，免除了我的后顾之忧，使我这些年来能够有充足的时间和精力去思考与金钱无关、而与人性有关的一些问题。

毫无疑问，加拿大的田野风光是美丽迷人的，带给新来乍到者无限的惊喜与企盼。但垃圾也存在于这个社会的角角落落。有的来自其他民族，更多的，却是由我们这一代新移民所亲手制造。

我力图在小说中用幽默轻松的笔调去处理沉重的生活。但也许我没能做到这一点。因为在朗读时，我注意到了听众们目光中严肃且忧郁的神情。

倘若这本小说能促进在加拿大生活的各族裔人民之间多一些相互理解，那么，这些年来我所放弃掉的许多东西，就都是值得的了。

待你读完《雪百合》时，如果你发现，我的两本英文小说在某

作者李彦与法裔作家米雪（右）

些问题上前后观念不一的话，这其实并不矛盾。我只是一个执着的理想主义者罢了。我喜欢说真话并坚信人应当说真话。因此，当周围的人们都极左的时候，例如在革命激情盛行的年代，会觉得我“右”；而当人们都变“右”了时，譬如眼下对金钱物质的崇尚，又会觉得我太“左”。而我，其实一直未变。只是这个世界在变，而绝大多数人都喜欢随波逐流罢了。

圣人说：“君子矜而不争，群而不党。”依此标准，我非君子。因我奉行不党不群、独立思考。

去国二十余载，近年来与故乡的人们交流时，常会遇到诧异的目光。委婉些的说：“真奇怪，你怎能保留住如此的纯真！”刁蛮些的便翻着白眼给我扣上吓人的帽子：“你这是极左！”

我先还惶惶不知所措，直到后来，受到国内一位学者点拨，才恍然所悟。

那位学者说：“我们生活在国内，随着日新月异的变动，如在冷水中逐渐加温的虾，对一切反常和不道德的行为，都习以为常并逐渐麻木了。从看不惯，到跟着干。因为单独一人洁身自好，必会遭到集体堕落的排斥和孤立，以至无法立足。而你们这些几十年前就出国的老留学生，却像被放入了真空冷藏库一样，保了鲜，思想还停留在八十年代的道德准则中，所以与国内的人有了差距。”

不错，世界在变，许多人也变了，我却依然故我。眼里容不得沙子，胸中装不下龌龊。所幸我并不孤独。

初来加拿大时的一桩小事，时时像暗夜里的灯火，在我心头灼灼闪亮。

我在温莎大学历史系读书时的教授麦柯荣，是一位温文尔雅、美丽端庄的中年女性。有次，她在参加中国同学的聚会时，听一位中国男生提到，在古董店里发现了一个明代的铜质花瓶，上面镌刻着梅花和小鹿的图案，十分精美，却仅仅标价六十加元。白人店主显然不识货。当这个中国男生宣称，花瓶大概至少有五百年历史时，白人店主便恳求他帮忙，进一步确认花瓶的年代。中国男生回家后，查看了花瓶底部刻印的字迹来源，确认了是明代的年号。

麦柯荣听了他的叙述，十分着迷，显然是动心了。于是，这个男生告诉她："如果你想购买，我就不把花瓶的真实年代告诉那个店主。因为你是我的老师啊！"

众目睽睽之下，麦柯荣白皙的面颊涨红了。她眨眨眼睛，颇为踌躇了几秒钟，才终于说道："你还是把实情告诉他吧，那样做才是正确的。"

第二天，中国男生给那位古董店老板打去了电话。当晚下班后，麦柯荣赶到店里查询，发现那个铜花瓶已经变成三百六十加元了，她放弃了收藏的初衷。

多年后，我把这个小插曲融入了英文小说《雪百合》中。我的同事朱蒂丝·米勒教授曾经读过我的初稿。没想到，这一令我深为感动的小小细节，在她那里，竟引发出对人性的尖刻批判。

“诚实，是最重要的品质。然而，选择诚实，是需要勇气的。并非每个学者都能做到。难道不是吗？面对那个古董花瓶的诱惑时，她也犹豫了。虽然仅仅是几秒钟，但她毕竟犹豫过！”朱蒂丝·米勒目光炯炯，正气凛然。

我赞同她的观念。但很多人都会选择明哲保身，在利益面前放弃做人的良心。

也难怪，孔子早有名言：“邦有道，危言危行；邦无道，危行言孙。”他的话大概很难懂。意思是：国家如果政治清明，则可说话正直，行为也正直；国家政治若是黑暗，则行为要正直，说话却要随和谨慎了。

（五）

感谢你花费时间去与《蒙特利尔先驱报》的编辑交涉沟通。我十分清楚，在加拿大的主流报刊上发表书评极难。媒体为了自己的信誉，要维护其客观公正的形象，因此不愿意发表与作家相识的人所写的书评，生怕有人情因素掺杂在内，陷入不负责任的吹捧之嫌。你告诉了编辑，你我二人是朋友关系。编辑因此有顾虑，我也完全理解。

一九九五年我的第一部英文小说《红浮萍》出版之后，加拿大媒体发表了不少评论文章。他们对作品的评价有褒有贬，基本上是客观公正的。我并不认识那些评论家是谁。后来，小说连续获得了几个奖项，是我始料未及的。

《红浮萍》获得一九九五年度加拿大小说新书奖提名后，媒体上公布了消息。这个奖，每年加拿大全国只有五部作品可获得提名，据说那年的评委感到实在难以取舍，最后竟有六部作品都入围了。而我，做为六个被提名者中唯一一个用非母语写作者，已经十分知足了，并不奢望能最后摘取那顶桂冠。此时，小说奖的主办方宣布，将邀请三位神秘的评委，对入选的六部作品进行最后一轮的鉴定和评选。

那段时间曾发生过一桩小插曲。居住在加拿大西部的著名女作家吉拉·瑞德要来东部的多伦多办事，途经滑铁卢。于是，本地的作家小组顺便举办了一次座谈会，与她交流。她带来了几本书签售。我听了她的发言，也翻看了那几本书，却丝毫不感兴趣。不瞒你说，那时我在加拿大已生活了八年之久，但依然只喜欢阅读和中国以及华人相关的内容。相对于小组里其他作家显示出来的热忱，我这个唯一的华人，就显得对她有些冷淡了。当别人向她介绍我时，她也矜持有加，未多言语。不久后，媒体公布评选结果和评委意见时，我才发现，原来吉拉·瑞德竟是评委之一。她严格地遵守了主办者的规定，事先没有走露任何风声。

加拿大文坛的评论和评奖方式，似乎与当下中国文坛的风气反差巨大。

数月前，在等待了漫长的十五年之后，我的英文小说《红浮萍》由我自己动笔，译写成中文版本，在北京出版了。那时恰好赶上我回国开会，于是，编辑和我商量如何宣传的事情。据其建议，如果我肯花上数万元人民币，请京城的两三个著名评论家喝顿酒，就能把我的作品捧红。

我颇感惊讶。吃喝些什么东西呢？怎会需要数万元？几个人吃顿饭，不过两千元罢了。

编辑讥笑道：真土！进口的洋酒啊，从海南空运来的海鲜啊，几千元哪里打得住？另外还有红包呢！这还是因为大伙儿都是熟人，经常合作，有面子，否则哪能就这么便宜了你！

“如果我不肯花这种钱呢？”

“那也行啊，你这本书就只能扔进市场浩瀚的大海里，任其自生自灭喽！”

既无钱，又不屑于任何亵渎文学的招数，我未加犹豫，选择了后者。就让《红浮萍》在中国的海洋里自生自灭吧。我倒真想检验一下，纯正严肃的文学是否还能被今天的读者所接受。

转天见到一位文坛朋友，听了我的描述，一迭连声地批评我太傻。“咳，你干吗不答应下来呢？要找的那几个人，就是某某、某某这几个人嘛！这是条捷径，最有效的路子啦！”

听到那几个耳熟能详、常见报端的名字，我眼前落下了一片雾霾，遮蔽了阳光与清明。

朋友见我仍执迷不悟，便继续开导：其实，这几位也算是豪爽坦荡的。喝酒啊、拿红包啊，都是明码标价，并非巧取豪夺。就是搞女人，也是人家主动送上门来的！你想想嘛，凭什么我们就该花费时间精力，白捧谁谁谁的作品？该得着吗？我们的劳动价值怎么体现？你不知道，有个江浙那边的人，出手就是五十万。这有啥吃惊的？人家要的就是咱这块牌子！把你捧红了，再连着拿上几个大奖，钱不就都捞回来了？名利双收，只赚不亏！都是海外作家，你这人咋就这么呆呢？人家不光是送钱，还送很贵重的礼物呢，提包、首饰、化妆品，全是国外名牌儿，出手很大方。

也许句句是真理，一句顶一万句。但我不敢苟同。人的良知何在？读了那么多年的书，如此轻易就被铜臭腐蚀了吗？

后来，文坛资深前辈某老三言两语便解了我心中困惑：“你的思想早已落伍，跟不上飞速发展的时代列车啦！眼下，各行各业都肥得流油。相比起来，这些耍笔杆子的文人，又没有别的生财之道，可他们也得买房子买车、抚养后代。不贪一点儿，何来他法致富？即便是文人受贿，与其他部门的官员相比，也算少得可怜呢！”

我的亲属在北京某高校任副校长，也讥笑我落伍。“知道吗？

每年经我手批准的金额都是几千万几千万的。经常有干部们宴客后来报销，一席吃喝个万把元钱，算个什么呀？你们加拿大也太土了！”

我无意批评中国文坛。在豪华奢靡、纸醉金迷的风气浸淫下，怎能企盼文人墨客洁身自好、抵挡得住诱惑？

话说回来，贪婪乃人之本性，中外皆如此。

十年前我回京探亲时，看到家门口附近新开张了一家涮羊肉饭馆。为了招徕顾客，老板为食客提供免费的啤酒。结果店里人满为患，很多人宁肯在寒冷的冬季里站在门外等候座位，也不舍得放弃白喝啤酒的诱惑。

这种情景，令我生出似曾相识之感。一次，某著名意大利饭馆的连锁店在滑铁卢开张，商家给附近街区的住宅信箱里散发了广告，邀请人们凭广告前往餐馆，免费品尝各种风味的比萨饼，还无限量地提供啤酒等饮料。

周末的晚上，我们手执广告前往餐馆。一到那里，就发现可容纳上百人的饭馆内灯火通明，座无虚席，门外还排着一条长龙，少说也有二百人吧，几乎都是拉家带口的洋人，在星光下静静等候他们免费享受的时刻。我们缺乏耐心，转身离去。

后来，又有一家理发店在滑铁卢新开张，送了广告，声明周六早晨首先到来的一百位顾客可享受免费理发的酬宾待遇。我的一位华人朋友去了。事后她告诉我，她起得够早了，但是到了理发店，发现门外早已排了一长队的老外，都在等候占这十元钱的便宜呢！

相比之下，加拿大社会虽非完美，但相对健全的法律制度，还是比较有效地制约了人性之恶发酵膨胀的。至少，堂而皇之地贪赃枉法，必会受到严厉惩罚。

在学校工作，如果写私人信函，就决不能使用学校的信纸信封。如果在办公室里打了私人的长途电话，月底账单来后，都要自觉地按照纪录上显示的号码，自掏腰包交付话费。

国家政策规定，凡在公职单位就业的，年收入十万加币以上的人员，每年都必须公之于众。大学属于公职单位，因此，同事中、上下级中，谁的收入出现了不合理的增长，网上一目了然。贪赃枉法，营私舞弊，不易逃过众人的监督。

在这种环境下工作，我感到舒畅。不过，我爱人却觉得我过于乐观了。他认为，追根究底，资本主义社会的衡量标尺，也只是在表面上尽量维持公正罢了。一旦触及到根本利益，很多事物依然是由金钱来决定一切的。标榜法律面前人人平等，可是，“天下衙门朝南开，有理无钱莫进来”的中国老话，在西方社会，同样是颠扑不破的真理。政客选举如此，日常生活亦如此。无钱运作拉选民的政治家，难以当选为议员。遵纪守法的良民，若无钱请律师打官司，也只能忍气吞声，任由流氓恶棍欺侮。

（六）

谢谢你与我分享自己的人生经历。我们无法主宰命运。但正是因为生活并非一味地赋予我们似锦的繁华，生命才显得魅力无穷。

前天是国际三八妇女节，我有幸被滑铁卢大学选为主讲人，在庆祝活动上介绍一个移民女性在加拿大生活的感受。我把自己的英文讲演翻译成中文，放在下面，与你分享。

当我年仅十岁，开始感觉到男女之间的差别时，我深为庆幸自己是女性。因为我们有很多选择：可以穿戴各种颜色的服饰，也可以梳理各种发型，男性却不能。此外，我们还享有唯一的特权，能体验独特神奇的生育过程，而男性却不能。

然而，当我年满四十，并已体验过女性的一切功能之后，却从一个男性朋友那里，听到了关于女性比男性优越的截然相反的诠释。

“身为女性，”他说，“如果你厌倦了做家庭主妇，你可以选择到职场上与男性一竞雌雄，显示你与我们一样，有能力达到人生辉煌的高峰。如果你成功，你会受到周围人的尊敬，而当你的努力陷入失败时，你却有各种借口返回家庭，做一个温柔的妻子和慈爱的母亲，并心安理得地依靠丈夫养活你一生。身为男性，我们却没有选择的从容。因为社会完全忽视了人与人之间的巨大差别，不允许我们失败，不允许我们不成功。所以，我嫉妒你们，恨不得下辈子转世，也托生为女性。”

他的话令我惊讶，因为从幼年时起，母亲严峻的目光和叮嘱便已铭刻于心：“彦，你必须记住，这个世界上，无人能帮助你，除了你自己。”

也许，传统社会对女性的不公，造就了我母亲的独立与抗争。一九五〇年，当抗美援朝战争爆发时，在她所就读的大学里，有二百个大学生报名参加志愿军。母亲是三名女生之一。花样年华时，母亲就清晰地意识到：她必须通过用鲜血和生命去冒险的方式，来拓展自己的前程。

基于对生活同样的理解，我在一九八七年开始了迈向加拿大的长征，抛弃了在北京拥有的一切，去追求一个模糊的梦境。

最初的日子里，与众多移民女性一样，我无人可以依赖，只能挣扎于社会底层，单枪匹马地奋斗求生。新旧两片土地上种种鲜明的对照，给我注入了灵感，激发了我创作的热情。白天，我从事体力劳动；深夜，则坐到电脑前，任思绪驰骋。

无可否认，漫漫长夜里，也曾屡屡设问过写作的初衷。自然不是为了钱，不是为了名。只是跟随了心灵的召唤，试图留下对生活的一片赤诚。在默默的忍耐与期盼中，我送走了一个又一个冰雪覆盖的寒冬。

当我的第一部英文小说在多伦多出版并接连获奖后，幸运纷至杳来。

永远忘不了那一天，我走出大学校长办公室，驻足草坪，环顾四野。整整十年了，第一次觉察到，天空如此蓝，草坪如此绿，阳光耀眼的明。那一刻，我实实在在地领悟到生活对勤奋者的厚爱、文学对真诚者的钟情。

我的优点，也是我的缺点。我喜欢凭直觉办事，不善深思熟虑。成功往往不期而至，犯不必要错误的几率也颇高。善良的人们会宽厚地待我，富于心机者却会对此巧加利用。

在生活中，我曾试图改变自己，以期在他人眼中更符合一个标准女性的形象。但短短几年，我却发现，倘若失去了真实的自我，人生将毫无乐趣可言。终于意识到，不同类型的女人，在家庭中扮演的角色，也应不尽相同。

几年前，中国《女友》杂志的记者采访我，问到如何保持女人的魅力还有使婚姻保鲜等女性共同关心的话题。

我坦言相告：本人从未思考过这类问题。在我看来，能够欣赏你的，自会留下来，陪伴你一同品尝生活果实的甘苦，欢笑或哭泣，失败或成功。离开的，本就不配占有你生命中宝贵的一席之地。有精神追求的女性，天荒地老，永远魅力无穷。

记者又问，何谓幸福和享受的定义？

夏日静谧的午后，与三两好友临湖凭栏，品茗闲聊；冬日飘雪的夜晚，与家人围坐炉火，嗑瓜子看电视剧；在灯下搂着孩子给他剪指甲，剪完了再在他红润的腮上亲一口：这些，不都是幸福吗？

我对享受的理解，是能够在后院辟一方菜地，在春阳下随心所欲地种瓜点豆、栽葱割韭；周末沿着小溪，踩着厚厚的落叶在林中散步；夜晚能在柔和的床头灯下阅读着文学书籍入梦。这些，生活对许多人都不吝啬。

人生是不能追求完美的。月满则亏，水盈则溢。相较同期出国的新移民，我常有一丝隐隐的不安，概因我得到的东西实在太多。且这一切，似乎超出了我的才能所配享。为了避免“圆满 ”的危象发生，我会有意识地舍弃一些人人都有的东西，主动造成“缺憾”的存在。当然，这种“缺憾”，虽然在世人眼中是不可思议的，在我，却无疑是最可舍弃的虚浮的内容。

在工作中，我很少想到自己是女性。我已经习惯了，把自己和别人都只当作“人”来看待，而非女人与男人。这样，对人对事的尺度，便会建立在平等的基础上，避免偏颇与失衡。男人和女人都一样，因个人的素质和机遇不同，注定了有人会轰轰烈烈，声名显赫，有人会默默无闻，淡泊一生。

我尊敬所有的男性，不论他们是强是弱，正如我尊敬所有的女性一样，无论她们选择事业抑或家庭。只要我们对自己和他人都保持了心灵的真诚，而非仅仅受世俗价值观摆布，带着虚假的面具在舞台上跳腾，我们都能享受无愧无悔的人生。

（七）

读完了你长长的家族历史故事，有很多惊讶之处。例如，你提到，你的外公是十八个孩子中的第十七个，这在中国人眼里，几乎是不可思议的丰硕成果。

我还注意到，你外婆和我外婆似乎是年龄相仿的同时代人。虽然她们生活成长在东西方两半球，文化氛围差距巨大，个性也有很大区别，但有一点却是相同的：生活在男权社会的包围圈里，她们都不甘逆来顺受，都曾反叛世俗观念、寻找女性自我价值的体现，或通过追求完美的爱情，或通过就业实现经济独立。然而，由于时代的限制，外婆们的梦想，延迟到你我的母亲这一代人身上，才得以开花结果。

你我的母亲都是受过高等教育的知识女性，且都有过不同凡俗的成就。你的母亲在青年时代就成为蒙特利尔法语电台的主持人，而我的母亲二十岁出头就担任军报的记者了。

我不了解你的母亲是如何养育你的。她的事业灿烂如星汉，却眼看着你放弃了仕途前景，心甘情愿地生了七个孩子，将宝贵时光几乎全部为家庭付出，仅在业余时间写作，且乐此不疲。如果你的母亲尊重并支持你的人生选择，那真是你的福气啊。

很显然，你母亲的人生经历，从正反两方面给了你启发，使你能够很早就醒悟过来，在人生的关键时刻，做出正确的选择。

我和你的成长经历，的确差距很大，但和你母亲的，却有相似之处。我和她虽然属于不同时代的人，但我们都是在小女孩时，就目睹了骨肉分离的痛苦、承受过社会舆论的巨大压力。

你的母亲被送入蒙特利尔的寄宿学校后，她的童年一定是在无数个思念远去的母亲的夜晚中度过的。而我呢，刚一满月，就离开了母亲温暖的怀抱，在好几个乳母的手中转来转去，一岁时就开始进入寄宿托儿所，上学后也是寄宿学校。那一个个无所依傍的孤独凄凉的日子，炼就了我独立自主、顽强不屈的品性，却也在心头刻下了终生难愈的凄凉。

我和你的母亲一样，从小就缺乏自信，渴望周围人的关爱和赞赏。这些性格缺陷，造成了我时时会犯下愚不可及的错误，受奸佞小人欺辱，令至爱亲朋忧伤。

正因为此，当我成为母亲之后，我就清晰地意识到，决不能让我的孩子重蹈覆辙。我无法操控自己在儿时的命运，但我可以为我的孩子创造一个不留下太多缺憾的童年。

孩子牙牙学语时，我母亲曾劝说我，把他送回国，放到北京一个高档的寄宿幼儿园里，以便我在加拿大全力冲刺事业。我坚决地拒绝了。我宁肯为孩子牺牲三到五年的时光、放弃一个学位，也要让他在幼小脆弱之时，分分秒秒都能够感受到人间有最可信赖的关爱的目光，时时守候在他的身旁，注视着他的成长。

在我母亲眼中，五六十年代的寄宿托儿所和学校，是一种特权，其优秀的师资和良好的生活环境，只有干部和高级知识分子的子女才能够享受得到。但在我爱人心目中，那种安排剥夺了幼儿与父母之间的亲密情感，实属不人道之举，那不是什么值得羡慕和炫耀的特权，而是附庸风雅、残忍冷酷。

我爱人的出身与我的截然不同。他的父辈曾在国民政府中供职，属于那个时代的上流阶层。因此，他对事物的许多看法，与我们家的“革命”观念格格不入，也不足为奇。

我虽然不同意我母亲的育儿观念，但我丝毫没有埋怨她之意。因为没有人天生就懂得应该如何当母亲。外界环境的压力，往往会扭曲人的天性。西方人的悲剧，多由个人性格所形成。而当代中国人的悲剧，多为政治运动的绑架所造成。

相反，我真心地感激我的母亲。是她的严厉与苛责，鞭策着我穿越鲜少有人踩踏的荒野小径，得以看到多数女性难以看到的风景。

（八）

收到你的信，总是让我很快乐。谢谢你对我儿子的夸奖。说实话，我现在经常感到懊悔的事情之一，就是在孩子幼小的时候，没能给予他足够的关爱。与你相比，我实在是一个不称职的母亲。

孩子在哺乳期时，只要醒来，我就会把他抱在怀中，边做家务，边在脑子里构思我的创作。我总在焦急地期盼着他快点合上双眼入睡，以便自己抽出时间来，坐在电脑前安静地写作。

因为缺乏交流，孩子从小便沉默寡言，都长到三岁了，才开始牙牙学语。五岁那年回国，孩子的伯父，一位中学物理教师，拿出扑克牌来教他学认一二三四五，边教边叹气：唉，你们动手太晚了！

与小城里其他华人家长相聚时，看到同龄的孩子在爷爷奶奶的教育下，一首接一首、口若悬河地背诵唐诗宋词，有的掰着小手指给我演示加减乘除，有的甚至能拿笔在纸上解一元一次方程式，着实令我们汗颜。

一位家长好心地向我建议，是否应该带我的儿子去看看医生，检查一下有没有毛病。其实我心里明白，孩子虽然缄口不语，智力却很正常。只是因为我这个做母亲的太不称职，从来没耐心教他说话罢了。

对孩子的要求，我们总是简单地拒绝，并且根据这里的习惯，拿出“Santa（圣诞老人）”来吓唬他。如果孩子不听话，我们就对他说，“Santa 知道了，是不会送给你礼物的。”重复的次数多了，肯定令孩子心中对圣诞老人生出了极大的反感。直到有一天，当我们再次拿出这个尚方宝剑对付孩子时，他终于放声大哭道：“妈妈，我不要 Santa，我不要 Santa ……”我才猛然醒悟，自己犯下了何等严重的错误。

如今，我只能自我安慰：无人生来就懂得怎样为人父母。我们必须亲口品尝梨子的滋味。养育孩子的过程，也是对为人父母者进行再教育的一个共同成长过程。成年人也常常能从年幼无知的孩子身上得到启迪。

孩子在五岁那年开始进入小学。我们当时面临着两种选择，要么进入纯英语的班级，要么进入英法语的双语班，教师半天用英文授课，半天用法文。

孩子连中文都说不利索呢，我们在家中也从来不讲英文，孩子能学得了英法双语吗？这三种语言会不会互相干扰呢？

接待我们的那位女教师年过半百，经验丰富。她耐心地解释说：“儿童的大脑里，有很多条渠道，幼年时开通了哪条，就可畅通一生。不会互相干扰的。”

既然如此，那就试试吧。我们不但让孩子进入了双语班，还在每个星期六上午，送孩子去本地华人开办的中文学校里学习两个半小时的汉语。从那时起，一直没有间断。

英法双语班一共有二十几个孩子，都是白人子女，只有我儿子一个亚裔。为了培养孩子对自己民族的认同感，也为了促进孩子对汉语的认知能力，我们购买了大批的中国电视剧光碟，带回加拿大，经常于晚饭后在家中播放。

看到《西游记》中神通广大的孙悟空时，孩子兴奋地舞动四肢，模仿齐天大圣的动作；看到康熙大帝微服私访惩治贪官污吏时，他也开心地呵呵笑。

有一天，我一面切菜，一面对孩子说："妈妈今天给你做好吃的。"

孩子探头看看，说道："只是黄瓜而已。"

当时我仅仅略感奇怪，他为什么会选择那种书面语来表达不满。直到有一天，当孩子显然不耐烦我的指责时，他细声细气、颇为克制地对我说道："妈妈，你跪安吧！"我才猛然间醒悟到，语言是如何嵌入儿童头脑中的。

扪心自问，我们很多人，都是愧为人父人母的。

孩子刚上初中时，有天在晚饭桌上，听到我们议论起大米要涨价的传言。我随口便说："那就多买几袋大米，储存起来备用吧。"我爱人点头同意，说可以多买一些，至少存够一年的。

没想到，一直默不作声的孩子突然放下手中筷子，严肃地对我们说道："我真没想到，你们会做出这样的决定。我为自己有这样的父母感到羞愧！"

我们不解，追问道："爸爸妈妈做错了什么事情？你怎么能这样说话呢？"

孩子干脆站起身来，忿忿不平地回答："是的，你们手里有多余的钱，可以买很多大米储存起来，将来大米涨价了，你们的生活就不会受到影响了。可是，你们想过没有，还有很多穷人呢？我们班就有这样的同学。例如米娅，她妈妈是单身母亲，读完博士却找不到工作，一家人只能依赖领取救济金生活。她们每月的收入只够对付眼前的日子，根本没有多余的钱去购买大米储存起来。那么，将来大米涨价后，她们就得被迫去购买高价的大米，使她们的生活雪上加霜。而你们现在的囤积，恰恰会加速这一切不幸更早地发生！”说着说着，孩子眼中竟然溢出了泪水。

这种看问题的视角，似醍醐灌顶，令我们重新检视，反省自身。有许多我们习以为常、天经地义的东西，其实也包含着不平与不公。

孩子心灵的纯真善良，洗涤了成人世界里的龌龊。“好了，别难过了。你说得对。爸爸妈妈决不会去买大米储存的。放心吧！”

秋天时，孩子进入了高中的最后一年，课程十分紧张。有天晚上，几个同学一起复习物理课时，遇到了一道难题。大家讨论到深夜，意见仍然分歧。第二天早晨要测验。孩子一到学校，先去物理老师的办公室，讲了大家的分歧，并征询老师的正确解答。老师告诉他之后，开玩笑说：“你悄悄知道就行了，可别告诉那几个同学啊，以免有人跟你竞争入哈佛呢！”

孩子笑笑，出了门。他在走廊里找到那几个同学，立即把正确答案告诉了大家。物理老师从旁经过，把一切瞧入眼中，感慨地说了一句："你是个不会腐败的人啊！"

（九）

上次你来滑铁卢，我们见面时讨论了双语写作的一些体会。由于时间仓促，我没能认真思考就回答了你的那些问题。近日有空，我把自己几年来在教学和写作中引发的一些感想写下来，供你参考。如果能对你在多伦多开会的发言有所帮助，那就太好了。

从古到今，中国的文学宝库中有大批优秀作品未能得到世界的广泛认知，尤其是当代，涌现出了大批十分精湛的中、短篇小说，却都不为外界所知，的确十分可惜。

但是，有多少人对他人的文化感兴趣呢？普通民众关心的，一般是熟悉的人和事物。如果不是中国这些年来的开放、发展，对世界其他地区人民的生活也带来了影响的话，外界仍然不会对中国文化感兴趣的。文学更是如此。

在加拿大，华裔是少数民族，我们新移民用中文写作，读者群往往限于能够阅读中文的华裔新移民。土生土长的华裔后代，受到英法语言的强大冲击，汉语言能力都迅速退化了。第二代还能说简单的中文，但多数不能读，第三代甚至连说都不会了。

眼下，让其他民族了解我们的文学，似乎只能通过翻译的手段。过去几十年，翻译成外文的中国文学作品并不算少，然而，正如鲁迅早就说过的那样，“贾府里的焦大，也是不爱林妹妹的”。令我们如醉如痴的经典，也很难引起其他民族的兴趣。

因此，人们常常感叹，中国文学尚未在世界上得到它应有的地位，也远未被世界人民所充分认知。我们这一代中国人，对世界文学名著的了解，远远地超过了外国人对中国文学名著的了解。这种现象，应该归功于过去一个世纪来大量翻译成中文的优秀世界名著，使我们从少年时代起就了解到人类文明宝库中的精品。

相反，在国外的大学生和普通知识分子中，却鲜少有人读过中国的古典名著或现代文学精品，尽管这几十年来，为了使中国文学走向世界，翻译介绍的中国文学作品也不算少。问题出在哪里呢？如何让我们的文学走入他人的视野呢？

首先是推广途径。我认为：大学课堂，是一条行之有效的途径。通过开设中国文化和中国文学选修课程，采用合适的教材、深入浅出的讲解，为海外年轻人提供中国文学的启蒙教育，诱导、培养他们的兴趣。

在美国一所著名大学开设的《中国简介》这门课程上，教授采用的方式生动活泼，通过阅读不同时期的经典文学作品，激发学生对中国文化深入探讨的兴趣。阅读材料从《史记》中的豫让传、荆轲传，到《水浒传》中的“九纹龙史进”选段，一直到五四时期鲁迅的《狂人日记》、丁玲的《莎菲女士的日记》都有所涉猎。

从这些优秀的文学作品中，学生们了解到中国文化的精髓。例如，《豫让传记》仅有短短几百字，十分紧凑、精炼，却生动地概括了“忠孝节义”的全部价值观，带给学生的是非常新鲜的感受，也激发了他们对中国文化的探讨、对文学作品的阅读兴趣。

我一九九七年刚到滑铁卢大学任教时，起初讲授的是中国文化、中国文学、中国历史这些课程。但是，近年来我致力于汉语教学。另外，业余时间也用中英文交替着创作了一些作品，摸索、积累了一些实战经验和粗浅的体会。

首先，从中英文两种文字的对比来看，鲁迅曾提到过：西洋文字像一个朴素无华但却方便实用的女仆，中国文字像一个美丽优雅但却奢侈无用的贵妇。

这种说法是否正确，有待商榷。但是，对某种语言的感受，都是很个人的，也是见仁见智的问题。在不涉及语言学理论的前提下，仅凭个人感觉，我的体会是：中文是象形文字，有视觉效应和强烈的韵律感，激发了情绪感触与审美趋向。汉语无疑是深具魅力的，但如果在写作中想要展现她的魅力，写作者往往要把很多心思花费在文字表面上。通过把玩辞藻、韵律，甚至增强视觉上的效果，才能达到审美的需要。

和中文相比，英文是一种很规范、逻辑性很强的语言，在使用时，因为只有二十六个字母，像符号一样，能使人把注意力转移到事物的实质层面上，使思绪朝纵深发展，因而能够抛弃掉一些虚浮的东西，不太受文字表象的诱惑和干扰。

这种语言的特性是否影响到人对事物的判断和思维呢？有待探讨。从读者反馈来看，有一种认识是：非母语者倾向于使用更加准确的词汇，增强了清晰、鲜明的阅读效果。因为他们需要翻看词典。同时使用两种语言创作，可互为促进，在思维中产生一些新的元素。

我曾与法国教育部的汉语总督学白乐桑 (Joel Bel Lassen) 先生就此话题做过探讨。他说，对某种语言的学习，除了交际沟通、文化传承这些功能之外，还有一个大脑思维训练的作用，培养一种新的思维方式。

中文是表意，ABC 文字的功能是表音。白乐桑举例说，一九七三年他在北大留学时，曾把贝多芬的《第六交响乐：田园》录音播放给中国同学听，问大家喜欢不喜欢。所有人都回答说，听不懂。

我想，他举这个例子，大概是想说明，中国人的思维模式，是建立在视觉功能上的。汉语中存在的大量同音字的问题，也培养了这种思维模式。

我所教过的非华裔学生中，使他们最头疼的就是同音字。仅仅是我的名字拼音，各自就可以列出好几十个不同的汉字，意思截然不同。学生们因此明白，为什么文字再改革，也无法用拼音字母代替汉字。

教汉语时，为了让那些来自拼音语言环境、已经是成年人的大学生，能够转变他们习以为常的思维方式，接受汉语这种图像文字，我总要费九牛二虎之力，把汉语知识掰开揉碎了，灌输入学生的头脑中。最常使用的方法，就是把抽象的笔画，通过想象力，转化为感性的、栩栩如生的图案，借以帮助学生强化记忆。有的时候，甚至需要从甲骨文—繁体字—简化字，这样一路介绍下来，才有效果。

这种经历，就像我交替使用英文和中文直接创作时一样，也加深了我对英汉两种语言文字特性的感知与理解，使我能够站在其他语言的角度，重新审视自己的母语，去发掘汉语的特点。

汉字元素由图画组成，携带着很强的视觉效果，译成英文后，一旦从图画变成二十六个字母，往往会使得原本活色生香的作品变得单调乏味，失去了很多。反过来，那些使用拼音字母的语言，一旦翻译成中文后，却大大增加了其色彩和韵味，甚至超过了原文的魅力。这是否帮助了外国文学在中国读者群中的传播呢？也未可知。

当我在教授中国文学通史这门课，讲起唐诗宋词时，那些中国人世代传诵的千古佳句译成英文后，外国学生觉得实在是平淡无奇，不理解为什么会被中国人奉为经典。

例如：　　　“清明时节雨纷纷”

“牧童遥指杏花村”

因为这些汉字元素都是由图画组成的。中文读者能从视觉上感受到水滴、阳光、月亮、丝绸、牛、小船、树木、花草的画面。而这种视觉上的愉悦感造成的冲击，在英文翻译中却荡然无存。韵律的妙处就更无从谈起了。

上述两句诗在中国出版的译文如下：

The day of mourning for the dead it’s raining hard.

（悼念亡者的日子，雨下得很大）

A herdboy points to a cot amid apricot flowers.

（放牛娃指着杏花林中的茅屋）

我很喜爱刘庆邦的文字，但也深深感到，他那些由精挑细选的辞藻构成的美妙意境，都很难在拼音字母中体现。例如：梅妞放羊（Mei–Niu Herds The Lambs）在英文翻译中，梅花和少女的隐喻不见了。这是无可弥补的视觉美缺失。

在中文语境下，为中文读者所写的文学作品，被翻译成外文后，不可避免地，必然要失去汉字固有的审美趣味与内涵。更不用说翻译者自身的文学、文字功底在“再创作”过程中对译作所起的决定性作用了。

此外，还有下面几种可能性。例如，小说的结构。

我曾鼓励学生们阅读《红楼梦》。但几乎所有学生都说，翻了几页，实在看不下去。

西方读者更习惯于线性结构的小说，一位主人公，一个家庭，贯穿始终才算理想。

有位加拿大出版社的总编告诉我：书中的主要人物不能超过八个，加上次要人物不能超过二十个，读者才能接受。

我的英文小说《雪百合》，本来人物多达四十人。后来一再压缩，忍痛割爱，硬是消减为二十多个。反观中国文学，以传统的章回小说为代表，习惯于群体式结构，一部小说里动辄几百个人物，是司空见惯的。《红楼梦》《水浒传》《西游记》《三国演义》，莫不如此。这种写法，对中国人来说毫无问题，但是翻译成英文，外国读者却觉得很难搞清楚谁是谁，他们之间是什么关系等等。为什么？难道是人物命名起到的作用吗？

不错。因为中国人的名字都是有具体内容的，文字所包含的意象可帮助读者记忆。例如宝玉、晴雯、凤姐、花袭人、薛蟠、柳湘莲，显而易见，皆为作者刻意精挑细选的字眼，使其在读者脑中形成一幅幅活色生香的画面。

有的时候，名字本身无法赋予人物鲜明的特征。譬如，《水浒传》中一百单八将主要是绿林好汉、草莽英雄，其年龄、相貌、性格等差异有限，且由于多为历史中真实人物，作者甚至无法通过取名字的方式来加深读者的记忆，怎么办呢？

中国的说书艺人十分聪明。他们采取了用绰号的手法，给每个人名字前边都增加了一个形容词，什么及时雨、黑旋风、浪里白条、美髯公，有效地加深了读者和听众的印象，便于区分开众多背景类似的人物。

回眸当代中文小说，我注意到，有些作者也成功地沿袭了传统文学的技巧和手法。例如，我在幼年时读过的《林海雪原》中，解放军战士与土匪，人物众多，于是就有了小白鸽、蝴蝶迷、座山雕、一撮毛这些绰号，旨在帮助读者区分和记忆。

读了刘震云的《一句顶一万句》，能感受到作者有意模仿《水浒传》手法，用平白朴实的口语，表现中国乡村社会里芸芸众生的生活状态，很多段落的描写都很精彩且触动人心。然而，我却觉得有些惋惜，因为作者没有借鉴《水浒传》的人物命名手法。所以，书中人物上百，名字却都普通得不能再普通。读完后，我把众多人物混为一团，竟谁也未能记住。

再谈翻译。中国的优秀文学作品翻译成英文后，以 26 个拼音字母出现，这几百个人物在书中就失去了特征，极易相互混淆。再加上故事结构又沿着多条支线展开，往往给西方读者的阅读带来一定困难，从而兴趣大减。

我注意到，西方的翻译家显然也意识到了这一问题。国外的《红楼梦》有不同译本，有的译者便对人名采取了意译。

例如，黛玉——Black Jade（黑色的玉石），宝玉——Precious Jade（珍贵的玉石）

对于名字，究竟是音译，还是意译好呢？也许是为了省事，大多数译者采取了音译的手段。例如，在当代女作家徐小斌的长篇小说《羽蛇》的英译版中，几个女主人公的名字都是音译：羽（Yu），玄溟（Xuan Ming），若木 (Ruo Mu)

但这样一来，名字本身所蕴含的丰富内涵，便荡然无存了。作者本想通过这些有别于“翠花”“秀珍”的名字，暗示人物的高贵出身和教育背景的。可惜这种苦心，英文读者根本无法从拼音之中领悟到。

有些译者，采用了对名字意译的手法。例如，《西游记》中：

悟空——Monkey（猴子）

八戒——Pigsy（阿猪）

沙僧——Sandy（阿沙）

玄奘——Tripitaka（三藏 / 三筐，梵语中指佛教经典）

也有译者在处理人名方面，肯多动脑筋，采取了意译与谐音相结合的方式。例如，《杜十娘怒沉百宝箱》中，主人公的名字就翻译成了 Decima (十进制的字头)。

有一位英文系教授曾经表示好奇，为什么我给自己的英文小说《雪百合》中的人物命名时，要使用一些很具体的词汇，例如：百合，茶花，麒麟，王子，陛下，鼠少校等等。

她在来信中写到：“你给书中人物起名时采用的方式，效果极好。这实际上发挥了两种语言的特长。小说虽然是用英文撰写的，我却能感受到，里面蕴含着中国韵味和思维习惯。这使得小说的叙事本身携带了女主人公继承自两个世界的两种文化。这种风格使得读者在阅读时不由自主地也同时使用两种语言来进行思考。非常独特，生动有力。你在运用幽默时也一样。通常，不同文化对幽默会有不同的反应，但你这部小说中的幽默却做到了在不同文化的读者身上都能产生效果。”

其实，汉语的特性，不仅影响了我的英文写作，也使我在中文创作中同样受益。

例如，在我的中文小说《羊群》中，我就给文中每个人物的姓氏都冠之以动物的谐音：朱、牛、羊、毛、侯、郎等等，喻示某个人身上所携带的某种特殊动物的属性，以加深读者对书中人物的印象。

由于深刻感受到了汉语和英语之间的巨大差别，所以在使用汉语创作时，我很容易受到其韵律和视觉效果的特性勾引，经常不自觉地就会陷入文字表面的诱惑之中，无法自拔。有时甚至不得不强迫自己离开电脑半个小时，去做体力劳动，以便摆脱开缠绕在脑际的怪圈。

例如，在我亲自译写的中文版《红浮萍》中，有这样一段文字：

八十年代中期，我在出国前夕，最后一次去古城探望外婆。虽然二十多年未曾亲近故乡的山水，那里的一草一木却早已深植于我的血肉，常在午夜梦回时，轻轻叩击我脆弱的心扉。

那里的老屋，燃起过外婆烹调美味的炉火，

那里的池塘，曾荡漾着母亲吟诗作词的碧波，

那里生长过琴姨栽种的兰草，那里残存着棠舅敲棋的石桌。

那里遗留着我童稚的目光，追随孤雁从长天飞过。

当我再次踏上老街坑坑洼洼的青石板，

我情不自禁一阵颤栗，哀叹岁月的蹉跎。

时光似乎被高高的秦岭牵住了足踝，

迟迟不肯迈过脚下肥沃的土地、奔流的江河。

古汉台角楼上生锈的铜铃在风中叮当鸣响，

我仿佛看见了驻足高台上的少女，

在落霞中苦苦等待江边出现的风帆，

在秋雨中翘首期盼永远不再飞回的白鹤。

上面这种写法，在中文版《红浮萍》中俯拾皆是。这种诗性语言所能达到的审美效果，在英文版《红浮萍》中是难以企及的。

除了语言文字上的障碍之外，还有文化习俗和历史背景上的隔阂，限制着中国文学有效地进入其他民族读者的视野。

加拿大的出版社很少。身为用第二语言写作者，与英文是母语的作家们竞争，其难度之大，难于上青天。几年前，多伦多一家小型的纯文学出版社总编曾对我说，他们每年收到的长篇小说投稿大约九百部，却只能出版十部。挑选的过程，就是把书稿发给一批文学爱好者，让他们筛选，推荐。如果他们读不下去，这部稿子肯定是要扔进废纸篓中。

中国五千年历史中的典故、传说、成语以及大事件对西方读者来说内容繁杂，且完全陌生。小说中如果经常引经据典，翻译时却采取忠实于原著的手法，一句不漏地全部译出且不做简明扼要的解释与处理，就会使读者不知所云，因而也会失去阅读兴趣。

加拿大文学界评论我的两本英文小说时，都用到了“清晰”这个字眼。为什么会特别注意到这种因素呢？ 如果故事沿着多条支线展开，繁杂的人物关系，往往给本来就不熟悉中国文化的西方读者带来阅读困难，兴趣大减。例如《红楼梦》。

我在用英文写作时，会照顾西方读者的思维习惯，由简入繁，人物和主题逐步展开，使线条清晰，避免让人摸不着头脑。

一位历史学教授曾写信给我，对《雪百合》作了如下评价：“小说十分吸引读者。我认为，你具有一种独特的才华，能使人物慢慢展开，随着故事的发展，逐步引入层次繁多的复杂主题。”

除了语言文字上、结构上的技巧，以及照顾到西方读者阅读习惯这些因素之外，如果作者和翻译家们还能对其他文化在真善美的认知标准上有更多的了解，就会事半功倍。

比如，我曾与加拿大人谈起《水浒传》，其中李逵为了逼迫朱仝上山入伙，杀害了县官的小儿子，在西方读者眼中，那是十恶不赦的魔鬼，他们不能理解为什么中国人会津津乐道于这种英雄人物，因此很难引起共鸣。还有，宋江杀妾、武松杀嫂、杨雄杀妻，这些中国读者眼里脍炙人口的精彩段子，却令西方读者摇头。

一位选修中国文学课程的加拿大女生告诉我，读完鲁迅的《孔乙己》后，她对这个人物的悲惨命运充满了怜悯。说时，她的眼中泪光莹莹，可见深受感动。她的角度，与我们通常对作品中人物的分析，有不小的差别。中国的评论，似乎多为对这一人物的讥讽和批判。

当我讲述《中山狼》时，读到农夫把狼装入口袋里，用锄头狠狠打死时，学生们摇头惊呼：“啊，太悲惨了！”

我们校长几年前到中国开会时，主人很热情地款待他，并问他要不要尝尝狗肉。他说：“我常来中国，已经习惯了吃很多种不同的肉类了，但至今无法接受吃狗肉。为什么呢？如果我吃了，回家后将感到无法面对我的爱犬。”

由于种族、文化、历史、社会等诸多方面的差异，不同族群的读者对文学作品的欣赏角度会很不相同，甚至令我们吃惊。我在《毛太和她的同学们》一文中，描述了一个加拿大女生读了唐代传奇小说《莺莺传》之后撰写的论文，从西方观点解读崔莺莺的悲剧，便是一个典型的例证。

人类对真善美的标准、终极目标是一致的，但其表现手法是不同的。完美的爱情如何体现？对死亡的恐惧如何战胜？这些就是文化上的不同。对文学作品的翻译来说，所要解决的，不仅仅是语言上的不同，其实更重要的，是文化上的沟通。

这些年来，为了解决“焦大不爱林妹妹”的突出问题，我一直在思考并尝试不同的途径。我提倡过采取“译写”的方式，因为译写给了创作者自由，不必拘泥于原文在特定语言表达上的局限性，也不必拘泥于原文在素材取舍上的限制。译写给创作者更宽阔的思维和想象空间，得以弥补和完善原著所留下的缺憾。

但是，这种方式似乎更适宜于由原著者亲自操刀，进行再创作式的劳动。试想，有多少作家能赞成他人对自己的作品从头到尾进行改写呢？因为不懂外语，甚至不知道人家改写成了什么模样，也许面目皆非了，亦未可知。究竟是保持原汁原味的中国文学呢，还是经过“译写”的加工处理，改造中国文学呢？也是一个值得探讨的问题。

培养大批高层次的翻译人才，将会大大增强中华民族在各个领域与世界交流的能力和话语权，这恰是我们欠缺又急需的。从长远看，我们需要培养的翻译，不应当只是翻译机器，而应当是高素质的人才，具备扎实的文化功底，才能胜任文学翻译的职责。

我们这一代人，在幼年时曾经接受过中外文学名著的熏陶。令人遗憾的现象是，近几十年来，在中国青年一代中，似乎出现了断层。

一个在“文革”中出生的女子，在国内名牌大学英语系毕业，成年后移民加拿大，业余时间从事大型晚会出持人。她深感自己文学知识贫乏，无法像央视的著名主持人那样，妙语连珠，出口成章，因此急于在短期内提高自己的文学素养，向我讨要速成手段。我给她列出了一个书单，其中包括最基本的中外名著。令我惊讶的是，她竟然连一本都没有读过。

另外一个八〇后的硕士毕业生，由国内名牌大学派遣到加拿大担任汉语教师。我好奇地探问，她是否读过中国的四大名著。她说，读大学时，老师在课上提到过，所以她约略知道，《红楼梦》所言，乃贾宝玉和林黛玉的爱情；《西游记》讲的，是唐僧去西天取经，但她从未读过全书。是学业繁重，没有时间吗？不尽然。她坦承曾通读过郭敬明的所有作品。

我们在滑大开设的“中国文学概述”，是用英语讲授的，基本属于扫盲性质，全校各系的学生都可选修。班上也有不少来自中国的留学生。期末考试的时候，有一道小测验题是：司马迁姓什么？班里的加拿大学生都答对了。中国留学生却有很多人回答：姓“司”。

强化中国青年一代对中外文学经典著作的阅读，刻不容缓，势在必行。

（十）

你好！收到你从中国发来的信，得知你单枪匹马在华旅行，沿途顺利，我就放心了。

你提到，在京的向导给你讲述了他父母在抗日战争中的惨痛遭遇，这令我想起了好几年前的一桩旧事。那时，我在滑铁卢大学讲授“中国现代史”这门课，已经五年了，深受欢迎，四十个名额，年年爆满，许多人排队等候选课。然而，后来不知何故，校长和颜悦色地与我商量，让我把这门课转给另一位新聘的教授去讲。

“是我讲的有什么问题吗？”我不解地问他。

“不不不，”校长连忙摇头否认，“你的课讲得非常出色！我们只是需要给新来的人安排一门现成的课罢了。”

我虽然服从了安排，却感觉蹊跷。不免猜测，难道是因为在最后的两年，我在学生的阅读材料中增加了张纯如新出版的《南京大屠杀》选段，并安排学生在课堂上做过专题介绍吗？

班里的加拿大学生，几乎无人听闻过这一历史事件，被一幅幅骇人听闻的图片惊呆了。有个女生气愤地问：“这些杀人犯，为什么没有把他们告上国际法庭去接受审判呢？”

也许，在课堂上讲述这段历史，触犯到了某些族群的利益，因此有“宣扬仇恨”之嫌吧。当然，消除“隐患”的方式，是迂回委婉的，一切都符合学术自由的原则。

有时我也纳罕，对犹太人的大屠杀，可以堂而皇之地大讲特讲，毫无顾忌。但是南京大屠杀呢？难道被微妙地视作禁区了吗？在很多事情上，人们采取了双重标准，却拒绝承认。这些双重标准是如何形成的呢？宣传，显然是主要的途径。

在中国，八年抗战给中国人留下了太多难以忘却的纪念。但在加拿大，我却发现，周围的同事们多为白种人，他们对日本人的印象基本都很正面。

一位资深教授说过，根本不用担心中国人会占领世界，他们走到任何一个地方，都只会自相残杀。

另一位教授说，大敌当前时，日本人会立即放弃个人恩怨，全民一致，团结对外；而中国人首先想到的，是如何利用外敌杀死异己。

听去令人沮丧，我却无以辩驳。

去年夏天，我到华盛顿开会时，顺便参观了美国历史博物馆。

里面内容繁多，分不同主题展出。在其中一个称作“自由的代价”的主题下，展示了美国卷入的历次战争。无论是实物的挑选，例如一顶旧呢帽、一副生锈的镣铐，还是图片和解说词的搭配，皆显得客观、公正、冷静、可信。

这个主题结束时，我随着人流步入一间狭小的放映室，观看了一部长仅十分钟的总结性纪录短片。

画面上出现了一个稚气未脱的年轻军人的画像，背后是森林、湖泊、连绵的山岗。他是南北内战中参战的士兵。在他写给心上人的前方来信中，有这样的句子：“亲爱的莎拉，他们对我说，我会回到你怀抱里的。可是，我想趁我还活着的时候就告诉你我对你深深地爱恋。请相信，在我仅剩下最后一口气的时候，我呼唤的，肯定是你的名字……”

独立战争，美英战争，太平洋大战，朝鲜战争，越南战争……，一个接一个，银幕上呈现出排列整齐的十字架，埋葬在异国他乡的原野上，成千上万，惨白凄凉。

片尾是一个年轻的女兵从伊拉克战场写给她父亲的家信：“爸爸，我的身旁充满了危险，每天都有人死去。可是，如果我不去，谁去呢？”

在悲哀沉重的音乐声中，银幕上出现了一个白发苍苍的老父亲，流着泪水在阵亡的女儿墓前献上一小捧鲜红的花束。

我是揉着眼睛走出博物馆大门的。没有一句政治口号，没有一句豪言壮语。十分钟的短片，就把我彻底地洗了脑。美国人的宣传技巧，堪称炉火纯青。中国人差得远，日本人也不行。

（十一）

完成了在中国一个月紧张的旅行，我于昨晚回到家中。几天前，我参加了一年一度的上海书展。在那个充满活力的现代都市里，我真切地感受到自己不再年轻了，早已落伍，与周遭的一切都无法融入。人们说，移民是一条不归之路。不错。离开得越久，就越是无法回头。

虽然我按照出版社的安排，抵达签售现场，但心中早已做好了冷场的准备。多年来，我从未参加过国内外的任何一次文学研讨会，也没有拜见过哪位评论家。并非我清高，只是工作缠身，没空闲四处周游，更不喜攀附结交。文学就是文学。能做到午夜梦回时问心无愧，便心满意足了。

二〇〇二年春天，我曾飞到台湾地区，领取“中国文艺协会”在五四青年节上颁发的“海外文艺工作奖章”。国民党的副主席亲自给我颁奖，我却不知道她是谁，实属孤陋寡闻。台湾地区的作家朋友们告诉我，那是一个规格很高的荣誉，而且是该协会成立五十年来，首次颁发给一位大陆背景的作家。领完奖后，我顺道跨越海峡，绕道香港，抵京探望父母。没有见到大陆媒体有任何消息报道，我也未事声张，便悄悄返回了加拿大。

前年，朋友介绍一位国内文坛专家来我们孔子学院讲学。他与我素不相识，闲聊时，听说了这段轶事，连发感叹："唉呀，你当时回到北京，怎么不跟我们讲一声呢！这是好事，应当大力宣传啊！"

我却觉得没什么好炫耀的。海外有不少和我一样的华人作者，都在默默笔耕，致力于对得起良心的文学，而鄙视拉帮结伙、运作跑奖的邪门歪道。

因此，当我看到上海书展的展台前排了长长的一队读者，等待我签名时，我反倒惶恐不安了，生怕自己的拙笔会辜负了读者的错爱。

这几天，我的中国朋友们来信提到你时都说，看到这位加拿大女作家都六十出头了，却依然对生活充满热情，每天都在追求和学习有意义的新鲜事物，这为她们树立了一个活生生的榜样！

的确，如你在北京所看到的一样，国内很多才五十岁的人，便早早地就退休了。无所事事，便天天一大早就去公园中唱歌跳舞，近午方归，如此打发剩余的几十年光阴。

其实不仅是你感到惊讶。去年冬天，我回国参加孔子学院大会，三位校领导与我同行。会议间隙，我带他们参观了景山、北海、天坛等名胜古迹。没想到，所至之处，无不人潮汹涌，歌声震天，男男女女扎堆成伙，吹拉弹唱，载歌载舞。

校领导们被这从未见过的情景惊呆了。他们好奇地问我："这些人即便退休了，也还很年轻啊，为什么要如此打发时光、浪费生命，而不去扶贫、做义工、为社会服务呢？政府可以把他们组织起来，轮流到落后地区服务，譬如说三个月、半年，也可以使他们的专长和技能发挥作用啊！”

我曾经与北京的一些退休人员交换过意见。简言之，前些年强调物质利益，民众缺失了一些精神信仰。

有些市民没有奉献精神，好吃懒做，追求虚荣享受，宁可游手好闲地混日子，也不愿从事服务社会的工作。因此这座城市不得不依赖大量的农民工来维持其运转，增加了城市的人口拥挤、交通混乱。

朋友们却反驳说，你不要指责普通老百姓没觉悟。这叫上行下效！当官儿的整日花天酒地、胡作非为，老百姓凭什么就该义务奉献？不甘心，也不情愿哪！

不错，一个简单的现象，却牵扯到更深层的原因。

圣人早有言在先：“其身正，不令而行；其身不正，虽令不从。”你大概看不懂这几句话吧？翻译成白话文，就是：“执政者如果行为端正，不发命令老百姓也会跟着走；执政者如果行为不端正，纵使三令五申老百姓也不会听从。”

同样内容的教诲，还有：“为政以德，譬如北辰居其所而群星拱之。”白话文便是：“执政者如果用道德来治理国家，自己就会像北极星受群星环绕一样，受到百姓拥护。”

（十二）

对不起，一直没有顾上给你回信。前几天我很忙，刚刚从温莎回来。

这次去温莎，是受该市图书节的邀请，参加作品朗读、与读者见面等交流活动。你知道，我一九八七年出国后，首先落脚的地方，就是那座风光旖旎的美加边境城市。自从一九九〇年我毕业之后离开那里，一晃就是二十年过去了，这是我首次返回母校，自然是百感交集。

高大明亮的美术馆装饰得富丽堂皇，颇具现代风格，坐落在碧波流淌、鲜花盛开的底特律河畔。对着公众朗读《雪百合》并接受加拿大广播电视公司女主持人的采访时，看着台下一张张年轻的面孔，突然就生出了沧桑之感。

岁月如梭，记得当年我初抵温莎时，还是一个脑后甩着乌黑的马尾辫、身材苗条的青年女子。我是历史系录取的第一个来自中国的研究生，也因为我在国内刚从中国社会科学院英文采编专业拿到硕士学位，能够用较为流利的英语与大家交流，所以一到周末，我就成为不同教授家里的座上宾，除了历史系的，也有哲学系的、政治系的、宗教系的、社会学系的、英语系的，甚至还有数学系的！

大家对刚刚开启大门的中国充满了好奇。每顿饭，我都要应付数不清的问题。记得有位教授提过一个有趣的问题，为什么叫作“文化大革命运动”呢？这期间发生的做法，例如破四旧、打砸抢等等，不都是反文化的吗？按理说，应当叫作“反文化大革命运动”才正确嘛！

我甚至成了资深“裁判”。一次，宗教系一位青年教授在讲课时提到了“十年文革”的字眼，当场有人反驳说，不对，中国的“文革”只有三年，从一九六六年到一九六九年。下课后，青年教授慌忙来找我，确认他没有讲错。得到我的肯定答复后，他显然松了口气。

那时节，全校的中国留学生不足百人，几乎全部是靠着奖学金出来攻读硕士和博士学位的研究生。国内的月工资仅百元上下，大家都穷。单身者好混。已婚的，肩头还负有不可推卸的责任。于是便有数学博士星夜去农场菜地里挑灯挖蚯蚓的，访问学者去鱼肆剖膛刮鳞的，央视编导去餐馆炸油条包馄饨的，八仙过海，各显神通。

周末无课，我常与三两中国同学去宽阔的底特律河畔垂钓。舍不得花钱买钓竿，便折一条树枝，绑上一根弄弯的铁丝，丝毫不逊色。鱼儿似乎很天真，须臾便装满了一水桶。吃不完，拿盐腌了，晒干，留着过冬。体态肥硕的野雁也是成群结队而来，悠闲地在河畔啄食青草，从不避人。有贪心的，悄悄伸手抓了几回，未得逞。大家逗笑说，过不了多久，加拿大的野雁就该懂得害怕人了。

市中心有家农贸市场，逢星期六营业，过午散场。偶然发现，农夫小贩们常在散场时把卖不掉的蔬果倾倒于垃圾箱内，而非留待下周。于是便和几位中国同学结伴，专等散场时刻赶到市场，虎口夺食，用自行车驮回一箱箱瓜果桃梨、胡萝卜、洋葱，每人分送一堆，大快朵颐。

弹指一挥间，当年一同垂钓、夺菜的同学，皆分道扬镳，黄鹤杳然。即便在街头迎面走过，怕也是容貌皆非、相逢不相识了吧。

朗读之后，接着便是签售。一位银发红衫、端庄优雅的女性笑眯眯地告诉我，如何在扉页上拼写她的名字。写完几个字母，我猛地抬起头来，惊愕地看着面前这位亭亭玉立的女性。怎么，是您？您就是当年的研究生院院长，史梅蒂克博士？我们紧紧地拥抱在了一起。

记得初来乍到时，遇到了校园内好几位中年女学者。她们无一例外，都是容貌清秀、谈吐高雅、风姿绰约的单身女性。除了史梅蒂克博士之外，还有我在历史系的教授麦柯荣博士，个个都令人惊艳，决无半点虚夸。

麦柯荣博士当时负责历史系的研究生管理工作。有几件小事，她给我留下了深刻印象。我以前告诉过你，关于那个明代黄铜花瓶的故事，你还记得吧？

初抵温莎时，没有栖身之处，麦柯荣让我在她家客厅里的沙发床上暂住几天，并开车带着我四处寻找租房。

后来，我搬入了一个独居老人的家里。老太太是德国移民，八十多岁了，当了一辈子的家庭妇女。她虽然文化不高，但心地善良。每逢我要考试，她都会在家中为我祈祷。但是，因我常在深夜图书馆关门之后才返家睡觉，她就不高兴了，质问道：“你懂得什么是宵禁吗？好女孩是不会那么晚回家的！”

隔天我告诉了麦柯荣。麦柯荣淡淡一笑道：“你应当对她说，我不是女孩，我是女人！”

那时的中国，很少有四十岁的女性依旧单身的。我曾不解地向一位专门研究婚姻家庭、两性关系的社会学系老教授打探，为何这些各方面堪称优秀的女教授却没有步入婚姻的殿堂。

他抖动着白胡子，激动地说：“为什么？你想想嘛，她们要男人干什么？男人又要她们干什么？”

最简单的回答，却蕴含着最复杂的哲理。此后几年，他这两句话一直萦绕在我的脑际，帮助我梳理清楚了不少东西，并做出了人生道路上至关重要的抉择。

图书节的活动顺利结束之后，我应邀到一位物理系老教授家中赴晚宴。一迈入客厅，就再次被惊喜包围住了。当年读书时的几位教授，都悄然在这里齐集，与我重逢。

我一手搂着麦柯荣博士，一手搂着史梅蒂克博士，与我最为心仪的女性楷模合影留念。她们退休前，都曾荣膺校级领导职位，达到了事业的顶峰。但在退休之后，她们可曾回首慨叹，辉煌的人生旅途上，终究留有遗憾呢？

不禁又想起了一九九五年在北京怀柔召开的世界妇女大会了。记得那时有报道说，与会的东西方学者之间争论激烈。中国女性认为，自从一九四九年以来，中国妇女的解放和男女平等已经达到了很高程度，西方女权主义者所追求的同工同酬、男女平等，中国妇女早就享有了。相形之下，西方妇女的追求实属落后。而西方女权主义者则认为，中国女性在这一领域尚处于不自觉、不清醒的“落后”状态。究竟孰为“先进”，孰为“落后”？最终谁也未能被对方说服。

二十年前，我也曾像大多数来自中国的知识女性一样，非常自豪于新中国女性所享有的平等地位，暗地里为西方女性所争取的东西感到过纳罕。

然而今天的祖国，却令我无语了。不仅是某些女性自己，包括她们的亲朋，还有社会舆论、大众传播，很多赤裸裸地宣扬曾经被新中国荡涤殆尽的种种丑陋与恶俗。可叹三十年经济改革和发展带来的成果，反倒使一些人陷入了尴尬的境地。

某次华裔移民聚会时，我与一位开公司的中国老总同桌。他谈起了一些加拿大同行如何在京沪深广的大酒店里被中国女性纠缠卖淫，他们回来后如何津津乐道地炫耀自己的艳遇。听到这些，我虽愤怒，还不敢相信。没想到，接下来的回国旅行，却让我从此无言以对。

那年，中国侨委邀请了六十位海外华裔女性回国参观。我是加拿大的几位代表之一。抵京当天，下榻于新世纪日航饭店。是夜，闻对门房间传来哀泣声。疑似儿童，出门望去，只见对面敞开的房门外，两年轻女子倚墙而立，沉默不语，室内一女子伤心欲绝地哭泣，旁立三名衣冠笔挺的男子，听口音似乎是韩裔人士。少顷，一酒店侍者入内，将哭泣女子背起，默默下楼而去。

第二天早晨，参观中国妇联总部时，我当场向讲话的领导提问："五十年代，政府在短期内迅速有效地消灭了娼妓。后来的几十年，卖淫现象几乎在中国绝迹。如今却死灰复燃，愈来愈猖獗。对此，妇联为何无能为力？难道经济发展一定要以出卖女性的尊严和平等为代价吗？"

妇联干部回答说："解放初期的卖淫容易消灭，因为那时的娼妓多为生活所迫不得已的。而今天的娼妓则多为自愿的。一些人的价值观改变了，叫我们怎么管？这也是经济发展的必然现象。哪个国家没有娼妓？都有！"

听者议论纷纷，卖淫的盛行并非经济发展的必然结果啊！

几天后，代表团抵达云南大理。这座边陲古城，是我从儿时起就向往的世外桃源。这次终于身临其境，其山河秀丽、民情纯朴，果真名不虚传。

在游洱海的大船上，一群白族女孩子端来热水，为大家做足浴。汗流浃背地按摩一小时之久，六十元人民币的费用，每人才得八元，余者皆入了承包商口袋。

是夜晚饭后，我与两名女伴步出现代风格的“风花雪月饭店”，漫步于夜幕低垂的古城街头。忽见道旁闪出一座古色古香的客栈。从门厅里望进去，回廊环绕，曲径通幽，悬挂在木雕屋檐下的一排排红灯笼，影影绰绰地照着些身着白衣绣裙民族装束的女服务员。

我们三人正在欣赏这座院落的古朴雅致呢，一个身量瘦小的白族小伙子悄声问道：“你们是否要去康体中心？”

在好奇心驱使下，我们随着小伙子来到了幽深的后院。从低矮的垂花门望入，隐约可见一灯光晦暗的大房间，地上摆着几个火盆，燃着浓郁的香烟。烟雾缭绕中，恍惚看到一个衣不蔽体、辨不清男女的人在室内晃动。

见我们好奇，小伙子解释道：“康体，就是给客人提供各种服务。妓女？当然也有啦！三星、四星级以上的酒店，哪家没有？有从东北来的，泰国来的，她们穿上白族女子的服装，客人也不知道。嫖客嘛，有北京来的，但多数是中国台湾人、日本人、马来西亚人。”

女伴之一是加拿大中国专业妇女协会的会长，她禁不住发问：“大理的白族人民如何看待这种败坏当地纯朴民风的色情买卖呢？”

“没有什么啦！经济发展的需要嘛！我从家乡出来四年了，早都习惯了。”

来自美国华盛顿的妇女代表问道：“政府部门不干涉这种活动吗？”

“大理已经被东北人控制起来了。他们结成帮，买地置产，又给官员好处，把他们都收买了。”小伙子的话音刚落，冉冉烟雾中踱出来一个身着笔挺黑衣的秃头男子，目光扫过，闪出一道阴冷的光芒。

小伙子悄声说：“这是我们老板，东北人。在这里做妓女的，比我们挣钱多得多。我一个月才二百块，人家一星期有时能挣一万多呢！”

白族小伙子的坦诚，令我们开了眼。但他叙述时，年轻的脸上那种坦然之色，又令我们沉重。忽然意识到，与我们交谈，也许耽误了他的工作，招致秃头责难。我们赶紧给他留下几十元人民币，匆匆离去。

返程中，道旁一家铺面，灯光明亮，吸引了我的目光。只见陈设简陋的屋中，靠墙一圈椅子，坐了十几个女孩，一人正对着挂在墙上的大镜子描眉画眼。见我们驻足门口，女孩子们都停住了说笑，投来关注的目光。

华盛顿的代表问：“这里是理发店吗？”

我指了指门楣上方的招牌，让她判断：群星楼——迎春接福。

金花们，早已香消玉殒了。

回到酒店，见侨委带队的干部在大厅里低头沉思，我们三人便向他提出，住五星级酒店的豪华房间，过于浪费了，完全可以两人一间，为国家节约资金，把钱用到扶贫项目上。

干部听后，感慨万分。“听了这种话，倍感欣慰。但也有人对此尚不满意呢！刚才提出来要换贵宾套房，纠缠了快一小时，仍不罢休。”

代表团成员皆称为各地侨领的精英代表，但相伴数日，也颇为怀疑，究竟何谓精英？

（注：此文选摘自作者与加拿大法裔女作家多年来的通信。

二〇一五年发表于《作家》杂志）

图书在版编目（CIP）数据

尺素天涯：白求恩最后的情书及其他 / ［加］李彦 著．
—北京：商务印书馆国际有限公司，2015.8（2019.9 重印）
ISBN 978-7-5176-0176-0
Ⅰ．①尺… Ⅱ．①李… Ⅲ．①纪实文学—作品集—
加拿大—现代 Ⅳ．①I711.55
中国版本图书馆 CIP 数据核字（2015）第 171005 号

著作权合同登记号　图字：01-2015-4337

尺素天涯：白求恩最后的情书及其他

作　　者　［加］李　彦
责任编辑　蔡红英
出版发行　商务印书馆国际有限公司
（地址 北京市东城区史家胡同甲 24 号　邮编 100010）
（总编室电话 010－65592876　市场营销部电话 010－65598498）
网　　址　www.cpi1993.com
经　　销　全国新华书店
印　　刷　北京中科印刷有限公司
开　　本　850 × 1168　1/32
字　　数　171 千字
印　　张　8.375
版　　次　2019 年 9 月第 1 版第 2 次印刷
书　　号　ISBN 978-7-5176-0176-0
定　　价　29.80 元